THE AD TECHNOLOGY

[ザ・アドテクノロジー]
データマーケティングの基礎からアトリビューションの概念まで

本書内容に関するお問い合わせについて

このたびは翔泳社の書籍をお買い上げいただき、誠にありがとうございます。弊社では、読者の皆様からのお問い合わせに適切に対応させていただくため、以下のガイドラインへのご協力をお願いしております。下記項目をお読みいただき、手順に従ってお問い合わせください。

●ご質問される前に

弊社Webサイトの「正誤表」をご参照ください。これまでに判明した正誤や追加情報を掲載しています。

　　正誤表　http://www.shoeisha.co.jp/book/errata/

●ご質問方法

弊社Webサイトの「刊行物Q&A」をご利用ください。

　　刊行物Q&A　http://www.shoeisha.co.jp/book/qa/

インターネットをご利用でない場合は、FAXまたは郵便にて、下記"翔泳社 愛読者サービスセンター"までお問い合わせください。電話でのご質問は、お受けしておりません。

●回答について

回答は、ご質問いただいた手段によってご返事申し上げます。ご質問の内容によっては、回答に数日ないしはそれ以上の期間を要する場合があります。

●ご質問に際してのご注意

本書の対象を越えるもの、記述個所を特定されないもの、また読者固有の環境に起因するご質問等にはお答えできませんので、あらかじめご了承ください。

●郵便物送付先およびFAX番号

　　送付先住所　〒160-0006 東京都新宿区舟町5
　　FAX番号　　03-5362-3818
　　宛先　　　　（株）翔泳社 愛読者サービスセンター

※本書に記載されたURL等は予告なく変更される場合があります。
※本書の出版にあたっては正確な記述につとめましたが、著者や出版社などのいずれも、本書の内容に対してなんらかの保証をするものではなく、内容やサンプルに基づくいかなる運用結果に関してもいっさいの責任を負いません。
※本書に掲載されているサンプルプログラムやスクリプト、および実行結果を記した画面イメージなどは、特定の設定に基づいた環境にて再現される一例です。
※本書に記載されている会社名、製品名はそれぞれ各社の商標および登録商標です。

はじめに

　あらゆる産業がネットの登場によって、そのビジネスモデルに変化を求められている今日、マーケティング業界も例外なく変化のタイミングに差し掛かっています。特に成長が著しい分野である「アドテクノロジー」は、広告主のネット活用増加に伴い、その役割が大きくなっています。しかしその一方で、米国の金融工学をベースに未だ進化を続けているため、なかなか我々日本人には理解が難しく、扱いにくい状況であることは否めません。専門用語が多いこともあり、とっつきにくい印象を持っている方も多いでしょう。

　アドテクノロジー分野において、日本は世界と比べて数年遅れていると言われていましたが、テクノロジーに関しては随分追いついてきたと実感しています。しかし、広告主、広告代理店、メディアそれぞれの利活用状況については、残念なことにあまり変わっていません。

　こうした状況は、どのような課題を引き起こすのでしょうか。米国では既にアドテクノロジーの仕組みを使って、データドリブンなマーケティング（データマーケティング）が盛んになっています。その反面、日本では仕組みはあるもののデータを活かす戦略が立っておらず、そのため戦術の1つとして部分的にアドテクノロジーが使われている状況に留まっています。広告主や広告代理店、メディアの戦略にデータの蓄積や活用がないために、保有しているデータを活かそうと試みるものの、十分に効果を発揮できずにいます。何のデータが自社にとって競争優位性を発揮するかといった観点で、データを意図的に獲得できていないことが、この課題の根底にはあります。どんな企業においても、重要なはずのデータがマーケティング活動に組み込まれていないのです。

　少し別の方向から話をしてみると、ネットが世の中に与えた影響は

当然ながら広告業界に限りません。例えば、我々が1人の生活者として接触しているメディアこそ、多大な影響を受けています。4マスと呼ばれる新聞／テレビ／ラジオ／雑誌は、かつては絶大な影響力を保持していましたが、ネットの登場によりその状況は大きく変化しました。今日では4マスで扱う全ての情報を合算しても、ネット上にある情報量と比べるとごくわずかなものです。

ネットは4マスなどの他のメディアとは異なります。ネット自体はメディアではなく、情報を届ける仕組みです。この仕組みを利用してブログや企業のホームページ、ニュースサイトなど多くのメディアが開設され、情報が発信されるようになりました。4マスのメディアの数よりも、今日では圧倒的に多くのメディアがネット上にあります。メディアの数が爆発的に増加した背景には、ネットメディアが低コストで閲覧できるだけでなく、情報を発信するためのコストも安価になったことがあるでしょう。

またスマートフォンが登場してからは、スマートフォン上でほとんどのことができるようになりました。例えば、写真や動画の撮影から編集、そしてウェブへのアップロードまで、スマートフォン1台で完結するようになりました。そしてこれらで生み出された情報は検索やSNSによっていつでも好きな時間に取り出すことができるのです。

ネット上で多くの情報を、いつでも好きな時に視聴できることが、生活者に多様性をもたらしました。かつてメディアの数が少なかった頃は、多くの人と情報ソースが同じであり、手に入れられる情報の種類にも限界がありました。すなわち、誰もが似たような選択肢を選び、趣味嗜好も結果的に似ざるを得ない状況だったのです。それがネットの登場により、さまざまなメディアから情報を自由に取得できるようになったことで、趣味・旅行先・好きなアイドル・仕事のキャリア構築の考え方・お酒の種類や飲み方などにおいて、ありとあらゆる選択肢が増え、生活者の趣味嗜好の多様化がどんどん進んでいます。

さて、ここで話をマーケティング業界に戻すと、マーケターにとっては「メディア」「生活者の興味・趣味」「情報接触タイミング」「情報接触デバイス」などあらゆるものがフラグメンテーション（Fragmentation／断片化）した状態になりました。このような状況下で、自社の「1つの商品」を「どんな人に」「どのように」「いつ」「どこで」「なぜ（その人なのか）」伝えれば最適なコミュニケーションとなるのでしょうか。そして、どうすれば本来はつながっているべきデータがバラバラになった状態を少しでも解決できるのでしょうか。

その解決の糸口の1つに、アドテクノロジーの活用があります。「自社の見込み顧客を見つけ出し、そこに最短のルートで最適なメッセージを届ける」というマーケターの目的は、情報と広告出稿の即時性なくしては実現できません。そしてアトリビューションも選択肢の最適解を導き出すものであり、データマーケティングもこの延長線上にあります。

データマーケティング時代を生き抜く手引きとして、本書はオンラインメディアMarkeZineで2013年2月から連載された「ここからはじめよう！アドテクノロジー基礎講座」（http://markezine.jp/article/corner/465）の内容をベースとして、大幅に加筆・再編し、特別取材記事や用語集、著者陣によるブックガイドなどを加えて書籍として生み出しました。

本書が今もなお変化を続けるネットとメディア、そして多様化した生活者に少しでもキャッチアップし、コミュニケーションを行うための知識と理解を深める1冊となれば幸いです。

Supership株式会社 広告事業本部
デジタルエージェンシー事業部 事業部長
菅原健一

THE AD TECHNOLOGY ［ザ・アドテクノロジー］目次

はじめに……………………………………………………………………003

第1章　広告革命 ……………………………………………008
 1節　アドテクノロジー革命 …………………………………010

第2章　ネット広告概論 ……………………………………016
 1節　ネット広告市場動向 ……………………………………018
 2節　ネット広告効果測定の基本 ……………………………022

第3章　アドテクノロジー …………………………………034
 1節　アドテクノロジーの周辺領域 …………………………036
 2節　メディア視点：ディスプレイ広告進化の歴史 ………039
 3節　広告主視点：ディスプレイ広告進化の歴史 …………044
 4節　カオスマップを読み解く ………………………………049
 5節　DSP／RTB／SSPの仕組み ……………………………054

第4章　データドリブン ……………………………………060
 1節　DMPの可能性 ……………………………………………062
 2節　データフィード …………………………………………068
 3節　商品リスト広告 …………………………………………081
 4節　データドリブン時代の到来 ……………………………096

第5章 アトリビューション …………… 100

- 1節 アトリビューションの概念 …………… 102
- 2節 アトリビューションの歴史 …………… 104
- 3節 オンラインアトリビューション …………… 127
- 4節 オフラインアトリビューション …………… 145

第6章 賢人に聞く …………… 156

- 1節 広告人は変われるか …………… 158
- 2節 デジタルの知見を武器に自らのスキルを変革せよ …………… 176

COLUMN：テレビCMに検索キーワードが入るまで …………… 186

ブックガイド …………… 204
用語集 …………… 208
おわりに …………… 218
著者紹介 …………… 222

第1章

広告革命

アドテクノロジーの進化により、広告業界は大きな変化を迎えています。それに伴い、企業のメッセージを生活者に届ける上で重要なコミュニケーションプランニングの柔軟性が格段に向上しています。この章では今まさに起きている変化と、その未来について解説していきます。

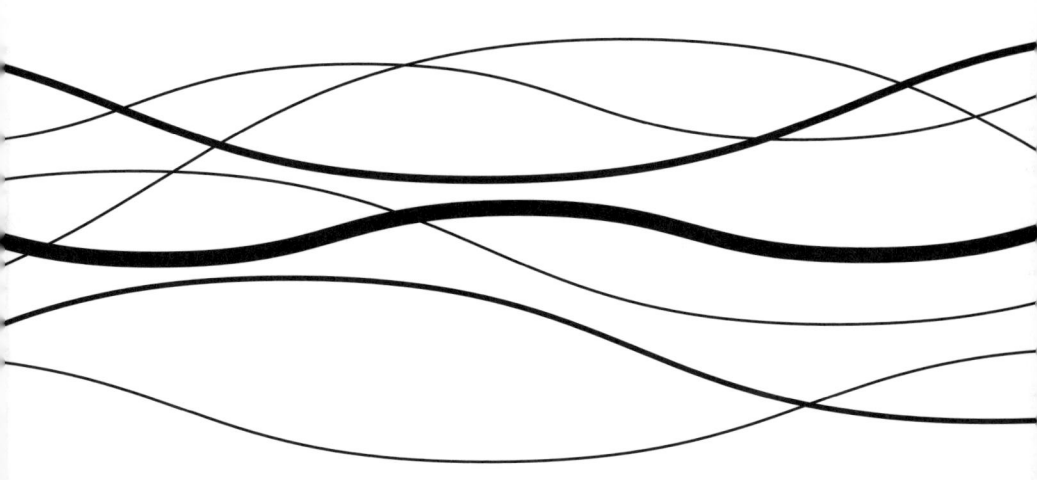

アドテクノロジー革命

アドテクノロジーの発達により、ネット広告取引は大きく進化を遂げました。「広告売買のリアルタイム化」「『枠』から『人』へ」といったキーフレーズにあらわされているように、PDCAサイクルの高速化などが可能になりました。

広告売買がリアルタイムに

　アドテクノロジーの進化により、メディアの広告枠への広告の掲載が格段に柔軟になりました。例えば今までは、あらかじめ広告枠を予約する方式が主流で、未来の広告在庫を買う仕組みでした。そのため広告の出稿を決めてから、実際に広告が掲載されるまでには数日、長ければ1か月ほど待つ必要がありました。

　例えばある日、テレビ番組で自社の商品が紹介され、人気が出たとしましょう。ネット広告でも「テレビで人気」「●●番組で紹介された」などのメッセージを加えたディスプレイ広告の出稿を増やし、多くの人に広告を見てもらうことができれば、より商品が売れるかもしれません。

　ですが、従来の広告枠の買い方ではこのような即時の対応は困難でした。それがRTB（Real Time Bidding）の方式を活用して広告配信を行っていれば、数時間後から変更を加えたディスプレイ広告をネットメディアに掲載することも可能になります（第3章で解説）。

データを使ったマーケティングへの転換

「ユーザーが自社サイトに来た」「メディアを見て広告に触れた」「自社商品を購入した」「無料アプリをダウンロードした」といったあらゆる情報を、デジタルコミュニケーション上では蓄積することが可能です。これらの情報を使うことで、「メディアAとメディアBの読者はあまり重複していない。どちらも重要なメディアとして広告出稿を行う」「自社商品の購入者は、初めて商品を認知しておよそ1か月以内に買う人が50％。半年以内に買わない場合はその後ほとんど購入される可能性がない」といったことなど、あらゆることがデータとして語れるようになります。もちろんデータで全てが表現できるわけではありません。むしろそのデータを定点観測の対象として定期的に施策を実施していくことで、具体的な結果の判断、その後の対策を練ることができるという意味において非常に有効です。

しかし、「はじめに」で触れたように、「メディア」「生活者の興味・趣味」「情報接触タイミング」「情報接触デバイス」などあらゆるものがフラグメンテーション（断片化）され、それは今後も加速していきます。GoogleやFacebook、そして日本の限られたプラットフォーマーだけがフラグメンテーションを解決するためにデータの連結を始めています。断片化された人のかけらを繋ぎ合わせ、自社にとって何が本当に重要なデータとなるのかを判断することが、今後のマーケティングスキルとして重要性を増しています。

「枠」から「人」へ

これまで広告を出稿するメディアを選ぶ際、「このメディアにはこういう読者がいて、自社商品のターゲットに合うので広告を出す」といった判断に基づいていました。つまりメディアの読者層と自社商品のターゲット層が合致する場合に、その「メディア」への広告出稿を

決めていました。

しかしその「メディア」の読者全てが広告主が求めているターゲットではありません。メディアもメニューなどを分けてより広告主が出稿したい広告を選びやすいように細分化を行っていますが、広告主側からするとそれはそのメディアに閉じた提案にすぎません。つまり、他のメディアも合わせて応用することができないということです。広告主はメディアの広告枠を買いたいのではなく、本来は自社やその商品について知ってほしいと思う「人」に適切なメッセージを「広告枠」にのせて届けたいのです。

RTB広告やオーディエンスターゲティングなどを使うことで、特定の「人」に対して「メディア」や「広告枠」を横断して広告配信できるようになり、より「枠」から「人」単位で個別のメッセージを届けることが可能になりました。

PDCAサイクルの高速化

これまで解説してきたことを踏まえると

・広告出稿の設定をしてから数時間後には広告が配信される
・対象の人達に対して適したメッセージを作る
・データをもとに効果を判断できる

といったことなどが可能になり、広告出稿から数日後にはある程度の結論や仮説が出せるようになります。それを踏まえて広告効果の良い施策は継続し、悪いものは中止し、仮説をもとに新しい施策を追加で実行するといったことを繰り返し、結果を向上させていきます。ここでも新しい施策を生み出すマーケターの企画力が改善のエンジンとなり、より効果に直結する部分をマーケターが担当することができるのです。

今までは広告を出稿することに労力が傾けられていましたが、それ

は大きく変わります。「誰」に「どんなメッセージ」を届けることで、どう「結果が変わる」かを繰り返し、改善するという部分がフォーカスされ、重視されるようになります。同時に仕事のスタイルも、「準備して出稿して配信が終わるまでレポートを待つ」ことから「常にその時点の結果をウォッチして改善プランを出し続ける」ように変化します。

Data is King

今現在の自分や自社をベースにアイデアを膨らませることはもちろん大切です。それに加えて、現在成功している企業がどのような戦略で今後どう変化するかを考えることも同様に重要です。何のしがらみもない企業をベースに考えることで、制限なくアイデアを増幅させることができます。当然ですが、世の中は自社や自社を取り巻く環境とは関係なくどんどん変化を続けています。思い込みを排除して、今後どのように変わっていくのかを冷静に読み解いていくことが重要です。

例えば、Amazonを例にとって考えてみましょう。Amazonは言わずと知れたECサイトです。そして同時に、秀逸なレコメンドエンジンを持ち、ユーザーが欲しいであろう商品を推奨するのが得意な企業です。

ここで気付いてほしいことは、Amazonは巨大な倉庫に在庫を仕入れて販売しているだけの企業ではないということです。多くの個人や企業が商品を登録し、販売できる機能をAmazonは提供しています。ユーザーからすると、Amazonが提供する商品も他の企業や個人が提供する商品も、Amazon上では同じように並んで見えます。どこから出品された商品でも、そのままAmazonで購入でき、ユーザーとしてはとても便利です。

これをAmazon側から考えてみましょう。自社で扱っていない商品も含めてレコメンドすることで、ユーザーに最適な商品を提供する可

能性が増えます。つまりそれは商品がより多く売れることにつながり、さらには何が売れているかを他社の商品を使ってテストマーケティングを行うことができるということです。当然、他社の商品でよく売れるものがあれば、自社で仕入れを始めるでしょう。

　自社で獲得できるデジタルのデータはまだ少ない企業が多いかもしれません。そのような企業は、Amazonのように自社以外のデータを自社内に取り込む戦略にヒントがあるかもしれません。データマーケティングにおいては、世の中に近いデータ量にしていくか、世の中の縮図と同じにできるかが要となります。

　最近では、Amazonは決済の仕組みを外部のECサイトへ提供し始めました。これは上記の考え方を応用すると、何をいくらで買ったかという世の中の決済情報データを今よりも多く手に入れるということです。ライバルのECサイトの情報までもがAmazonの中に取り込まれるのであれば、当然Amazonが価格戦略を含めて有利になるのは明らかです。

究極のデータマーケティング時代の到来

　電話、カメラ、GPSなどがメガネ型のデバイスに組み込まれている「Google Glass」をご存じでしょうか。「写真撮影」と声に出すと、自分が見た景色そのままの写真を撮影することができたり、地下鉄に乗ろうと駅の入り口に行くと運行情報が目の前に表示されたりします。メガネの形でGoogleは提供していますが、時計型やコンタクトレンズ型など、携帯電話よりも常に身に着ける形で各社の開発が進んでいます。

　一昔前は電話を携帯することさえ考えられませんでした。スマートフォン不要論もかつてはありましたが、今では無くては困る存在になりました。このような変遷からもわかるように、通信機器、コミュニケーション機器は今後もより身近なものに変わっていくでしょう。そうなると今まで以上に身近なデータがデジタルデータとして取得でき

るようになります。

　例えば、道を歩いているとあなたがFacebookでいいね！しているブランドのお店があることをデバイスが知らせてくれるかもしれません。このように今までとは圧倒的に違う量と質のデータがマーケティングで活用できるようになり、企業にとってデータマーケティングがますます重要になります。

第2章

ネット広告概論

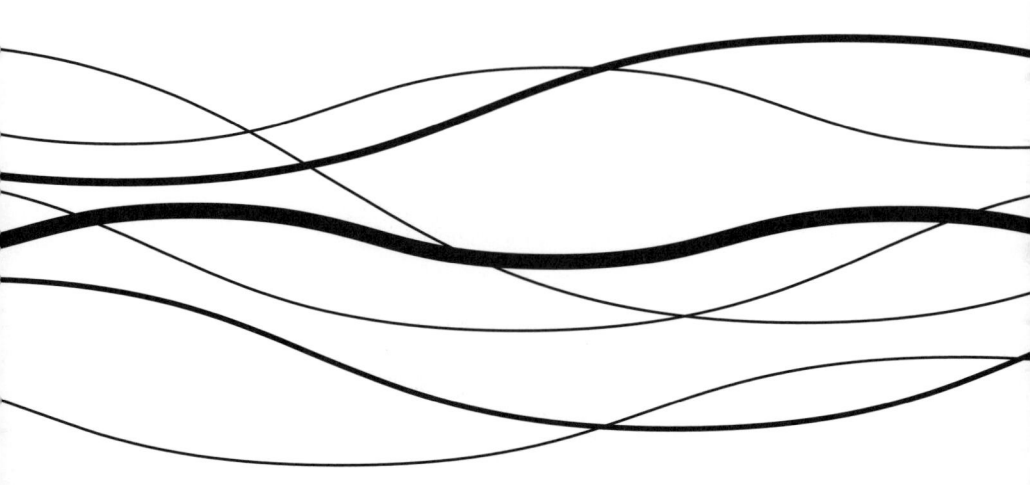

日本の総広告費は2007年の約7兆円をピークに、現在では6兆円を下回る規模に縮小しています。その一方で、ネット広告費は堅調に伸長しています。スマートフォンなどの新たなモバイルデバイスの普及やアドテクノロジーの進化により、ネット広告の市場にどのような変化が起きているのかを追っていきましょう。

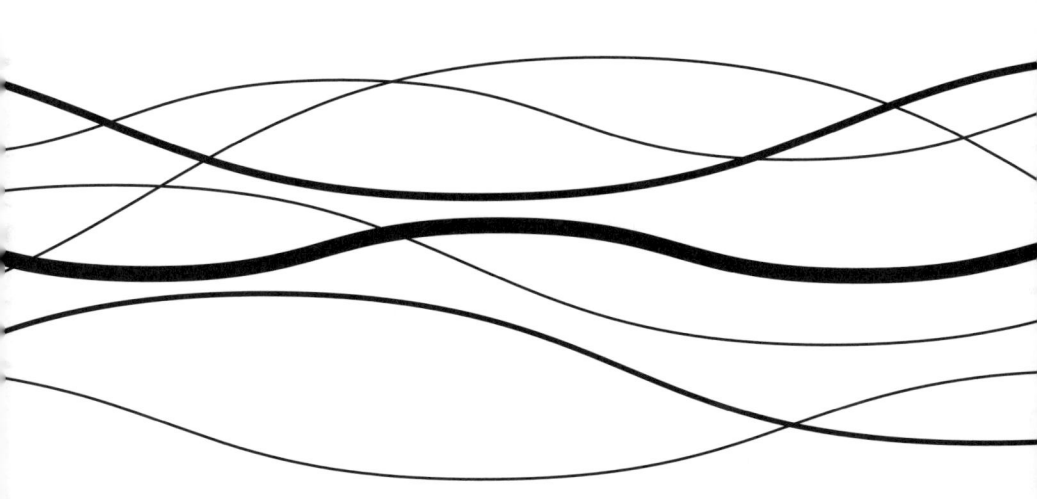

第2章：ネット広告概論

ネット広告市場動向

2012年の日本の総広告費は5兆8,913億円で、そのうちマスコミ4媒体の広告費は約50％、ネット広告費は約15％でした。伸長を続けるネット広告市場の概要に迫ります。

アドテクノロジーがネット広告市場拡大を牽引

　2012年（平成24年1～12月）の日本の総広告費は前年比103.2％の5兆8,913億円でした。総広告費は2007年の7兆191億円をピークに、2011年度までは減少が続き、実に5年ぶりの増加となりました。そのうちネット広告費（媒体費＋広告制作費）は前年度比107.7％で8,680億円と、堅調に増加しています。

国内ネット広告費の推移

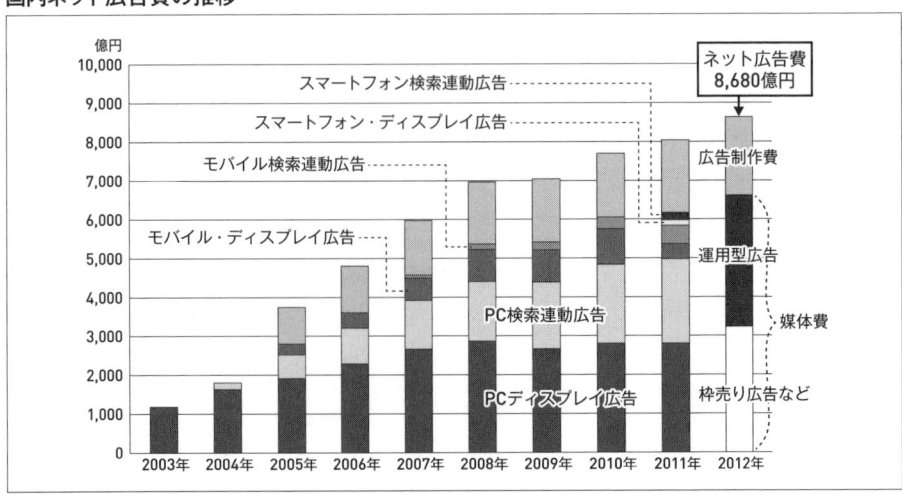

（参照：http://www.slideshare.net/ShuichiHiroya/2003-2012）

1996年に誕生した日本のネット広告の当時の市場規模はわずか16億円でしたが、今ではその500倍をゆうに超える市場規模に拡大しています。また2004年にはラジオ広告費、2006年には雑誌広告費、そして2009年には新聞広告費を抜き、今やテレビに次ぐシェアを占めています。

2012年日本の広告費（メディア別内訳）

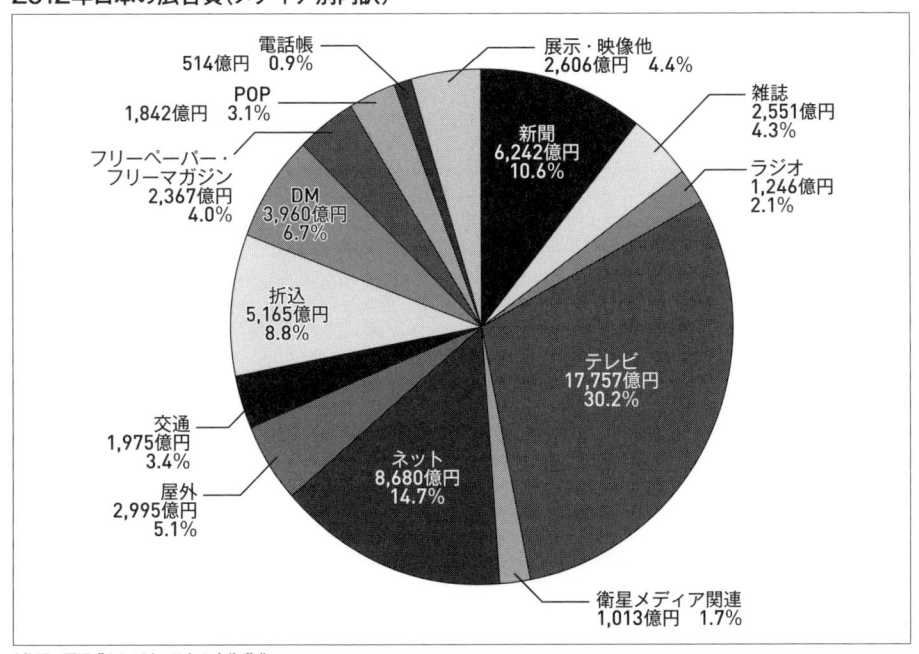

（参照：電通「2012年 日本の広告費」）

　また日本の広告費は電通が毎年発表していますが、2012年度はネット広告媒体費の分類に大きな変更がありました。モバイル広告や検索連動型広告という分類を廃止し、運用型広告[*1]が新たな分類として設定されました。
　その背景には、スマートフォンやタブレットなどのデバイスの多様化や、アドテクノロジーの進化による業界構造の変化によって、モバイル広告や検索連動型広告という従来の分類が業界の実態にそぐわなくなってきたことがあります。それは、従来の掲載を保障する枠売り

[*1] アドテクノロジーを活用したプラットフォームにより、広告の最適化を自動的にもしくは即時的に支援するような広告手法のこと。検索連動型広告のほか、新しく登場してきたアドエクスチェンジ、SSP、DSPなどが典型例。一部のアドネットワークもこれに含まれる。

広告とは異なり、検索連動型広告と同様に、ディスプレイ広告も運用をして効果的な配信を行う必要性が増したためです。また、デバイスの急速な多様化にともない、デバイスを基点とした分類の意味が希薄化しています。

ネット広告媒体費（6,629億円）のうち、運用型広告費は前年比118.9％で3,391億円を占めています。今後も引き続き拡大すると予測されていることからも、その中核を担うアドテクノロジーの重要性を読み取ることができます。

スマートフォン広告市場

ではここ数年、急激な勢いで普及しているスマートフォンの広告市場を見ていきましょう。2012年のスマートフォン広告市場規模は856億円で、2013年には1,166億円へ拡大する見込みです。さらにその後も毎年2～3割増で伸長し、2016年には2,000億円を突破すると予測されています。また2012年の内訳は検索連動型広告[*2]が約62％、ディスプレイ広告[*3]が約25％、成果報酬型広告[*4]が約13％となっています。

*2 検索エンジンで検索を行った際に、ユーザーが入力したキーワードと関連する広告が検索結果ページに表示される広告。

*3 バナー広告やパネル広告など、サイト上に埋め込まれて常時表示されるウェブ広告。

*4 資料請求や商品購入などの広告主にとっての最終成果が発生した際に、広告料が発生する仕組み。

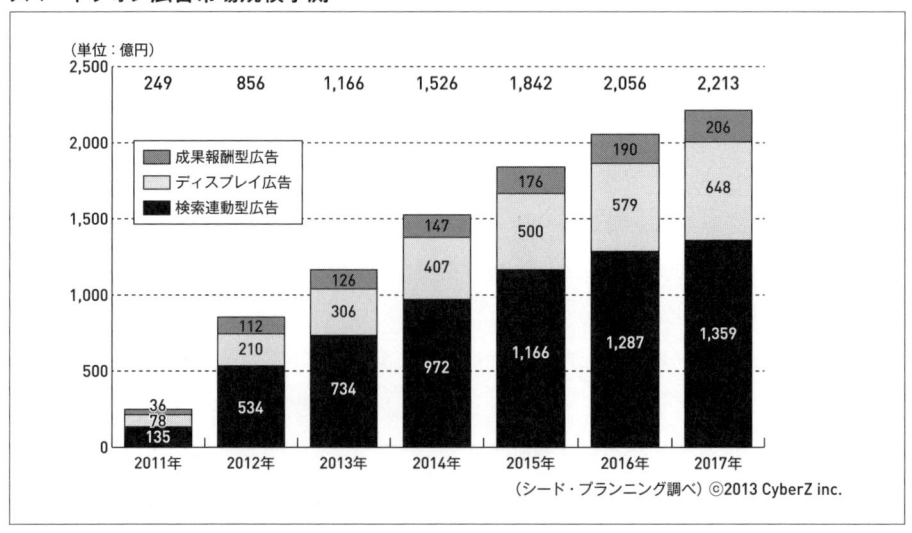

スマートフォン広告市場規模予測

（シード・プランニング調べ）©2013 CyberZ inc.

*5 広告の表示ごとにオークション方式で最適な広告を選択する広告配信技術。

さらに2012年のスマートフォンRTB（Real Time Bidding）*5流通額は10億円でしたが、2013年には3倍の30億円、その後も倍々に伸長し2016年には200億円と予測されています（CyberZとシード・プランニング共同調査：http://markezine.jp/article/detail/17617）。これらのデータから、アドテクノロジーはスマートフォン広告市場にも大きく影響を及ぼすことがわかります。

RTB経由のディスプレイ広告市場

アドテクノロジーは主にディスプレイ広告領域での発達が進んでいますが、2013年のRTB経由ディスプレイ広告市場は473億円とされています。2016年にはディスプレイ広告の25.7％がRTB経由で配信され、市場規模は1,000億円を突破すると予測されています。アドテクノロジーが広告市場へ及ぼす影響がますます大きくなる今、マーケターや広告人にとってその知識を身につけることが避けては通れなくなっています。

日本のRTB経由ディスプレイ広告市場規模予測

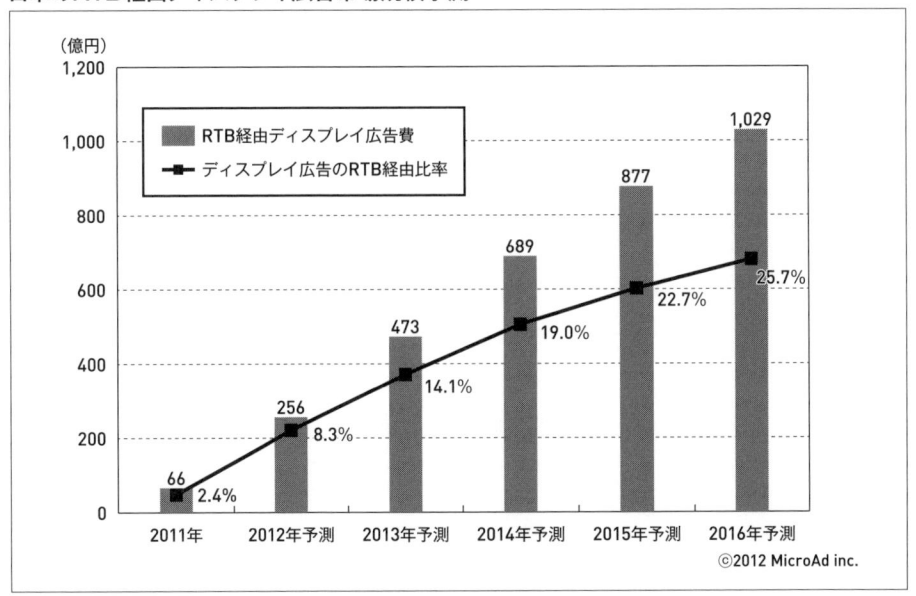

©2012 MicroAd inc.

第2章：ネット広告概論

ネット広告効果測定の基本

マス広告と比較して、ネット広告の利点は効果が測定できることだとしばしば言われています。しかし、測定できるとは言っても、全てが測定できるわけではありません。まずはネット広告の効果測定の基本から解説していきます。

ネット広告は測定できるが、限られている

今日では大多数の生活者が当たり前のようにネットを生活に取り入れ、検索エンジンを使っていますが、その設立は米ヤフーが1995年、米Googleが1998年と、わずか20年弱前です。また、Amazonや楽天などに代表されるネット上で決済するECサイトも急激に成長しています。

ネット広告の特徴の1つは、効果測定ができる点です。例えば、ディスプレイ広告のインプレッション（表示）やクリックなどの回数を測定することができます。また、その広告をクリックしてECサイトなどを訪問し商品を購入した（コンバージョンした）場合に、その件数をカウントすることができます。つまり、測定できるデータが取れるということです。

ここでの注意点は、「効果測定ができると言っても、それは限られた場合のみ」ということです。つまり、店舗での購入が最終コンバージョンの場合を考えるとわかると思いますが、これは測定できません。

Amazonや楽天などのように、店舗を持たずネット上だけで購入まで完了するといったECサイトは、ネット広告の効果をコンバージョ

ンの件数や売上で測定できます。しかし、ネットで完結するECサイトにおいても、マス広告を使って広告キャンペーンを行った場合はどうでしょうか。その効果がどのようにECサイト上のコンバージョンに影響を及ぼすかについて測定するのは困難でしょう。

　「ネット広告は測定できるが、限られている」という認識は、非常に重要です。「ネット広告は効果測定できるから優れていて、マス広告はできないからダメだ」「ネット広告は効果がはっきりとわかるので、予算をマス広告からシフトする」といった趣旨の発言を耳にすると違和感を覚えます。というのは、このような発言には、マス広告の効果測定はデータが取れないからできないという先入観があるように感じるからです。

　先にも述べましたが、ネット広告の効果測定といってもそれは限定的な話です。インプレッション回数やクリック回数、コンバージョン件数がわかる、あるいは、CPA（Cost per Acquisition：顧客獲得単価）などがわかるという程度です。しかもそれが測れるのは、ネット上で購入まで完了するECサイトなどだけと、その範囲はとても限定されています。

広告効果測定の2つの側面

　ここで、広告効果測定について触れておきましょう。広告の効果測定は、一般的に、コミュニケーション効果と売上効果の2つがあるとされています。コミュニケーション効果とは、広告の到達度や広告が生活者の心理や意思決定に及ぼす影響について測定することです。売上効果とは文字通り、広告が売上に及ぼす影響について測定することです。

▶ コミュニケーション効果

　コミュニケーション効果とは、広告が何人にリーチし、表示回数を何回（フリークエンシー）にすれば、どれだけの認知が獲得できるか

といった心理や態度変容に及ぼす影響のことです。また、よくAIDMA（アイドマ）という生活者の意思決定プロセスが取り上げられます。「Attention（注意）→Interest（興味・関心）→Desire（欲求）→Memory（記憶）→Action（行動）」へと至るプロセスがあると想定して、アンケート調査などで測定します。

AIDMAの法則

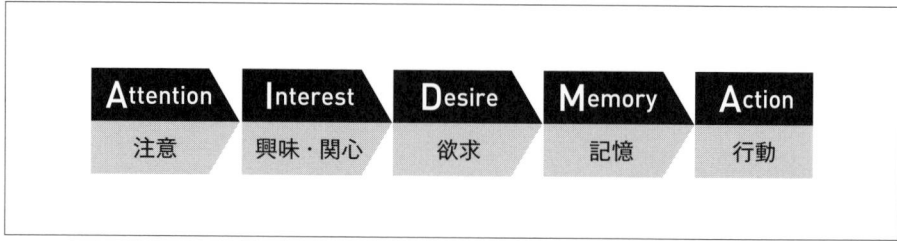

最近は、電通が提唱したAISAS（アイサス）も有名です。これは、「Attention（注意）→Interest（興味・関心）→Search（検索）→Action（行動）→Share（共有）」と至るプロセスです。

AISASの法則

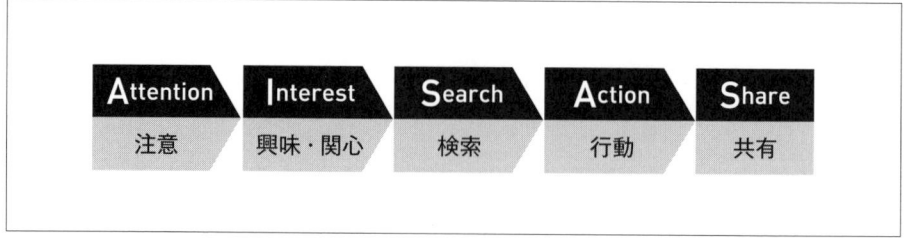

▶ 売上効果

売上効果は、主に広告弾力性を算出するものです。広告弾力性とは、広告の投下量を増減させた時に、どのような影響が売上に及ぶかを数値にしたものです。例えば、「自社の広告投下量を10％増加すると何パーセント売上が増加するのか」といった関係性を相関分析に

より導き出します。

　重回帰分析や共分散構造分析などと言われる数理統計的な手法がここでは活用されます。考慮する要素としては、自社の全てのメディア（媒体）の広告投下量以外にも、自社製品の価格や特徴、競合他社の価格や特徴、競合他社の広告投下量、マクロ経済環境や気象動向などがあります。つまり、売上に影響を与える要素は、自社の広告投下量だけではないのです。

　これらのことから、ネット広告で計測しているインプレッション（表示）やクリック、コンバージョンなどが、いかに限定的な指標であるかが理解できたと思います。広告の効果をより明確にしていくためには、インプレッションやクリックといった限定的な指標だけではなく、アトリビューション（第5章で解説）というアプローチが重要になってきます。

広告効果測定とマーケティング・マネジメント

　ところで、広告の効果測定は何のために行うのでしょうか。単に広告がどのくらい効いたかを確認したいという、単純な理由ではありません。広告の効果測定を行う主な理由は、いわゆるPDCAを回すためです。あるいは過去の経験を未来に活かしていくためと言い換えてもいいでしょう。

　効果の悪かった広告は次回から使わず、効果の良かったものだけに予算を投下していきます。少し広い視野からPDCAを回すことを捉えると、それは「マーケティングをマネジメント」すると言い換えることができます。マネジメントするためには、結果を測定しなければならないのです。逆に言えば、マネジメントの必要がなければ広告の効果測定もしなくても良いことになります。

▶ マスマーケティング全盛期

　ここで広告の歴史を簡単に振り返ってみましょう。NHKの放送は

1953年にスタートしました。その後の高度経済成長期を通じてメディアの王座が新聞からテレビに移行し、マスマーケティングの全盛期が到来しました。

テレビ・洗濯機・冷蔵庫が「三種の神器」といわれ、急速に家庭に普及していった時期です。大量生産・大量消費の時代であり、広告を打てばモノが売れました。広告効果測定という概念は当時もあったと思いますが、結果的に売れていたのでそれほど気にしていなかったと思います。少し乱暴に言ってしまうと、広告効果測定は無用な時代でした。つまり、広告主は広告の効果測定を真剣に取り組むべき課題として捉えていなかったということです。

▶ マスマーケティングの限界

そして時は流れ、1980年代頃から日本は少子化・多様化の時代を迎えました。核家族世帯や単独世帯の増加もこの時期から始まり、集団よりも個を尊重する気風が高まってきました。それに伴い、マーケティングにおいても、ブランドの差別化やセグメンテーション、クラスター、ポジショニングなどの考え方が徐々に出てきます。

画一的な商品の大量生産・大量消費の時代は過ぎ去り、多品種少量生産の時代が到来しました。つまり、差別化できる特徴のある商品を作り、ターゲットセグメントを定めてより精緻なマーケティングを行うことが課題となってきたのです。この時代の変化は、一種のターニングポイントでした。多くの人に同じメッセージを届けても広告は効かなくなり、テレビが得意とするマスマーケティングの限界が徐々に露呈し始めたのです。

▶ マーケティングをマネジメントする視点

このような課題へのソリューションの1つとして、1990年代前半に「統合型マーケティングコミュニケーション（Integrated Marketing Communication：IMC）」という考え方が登場してきました。これは、ノースウェスタン大学のドン・シュルツ教授らが提唱したものです。

IMCの特徴は、生活者のデータベースを使ってターゲット別にセグメンテーションを行い、全てのコンタクト・ポイント（生活者との接点）において企業のメッセージをセグメント別に届けるようにマネジメントするという点です。

ATL／BTL／TTLの関係

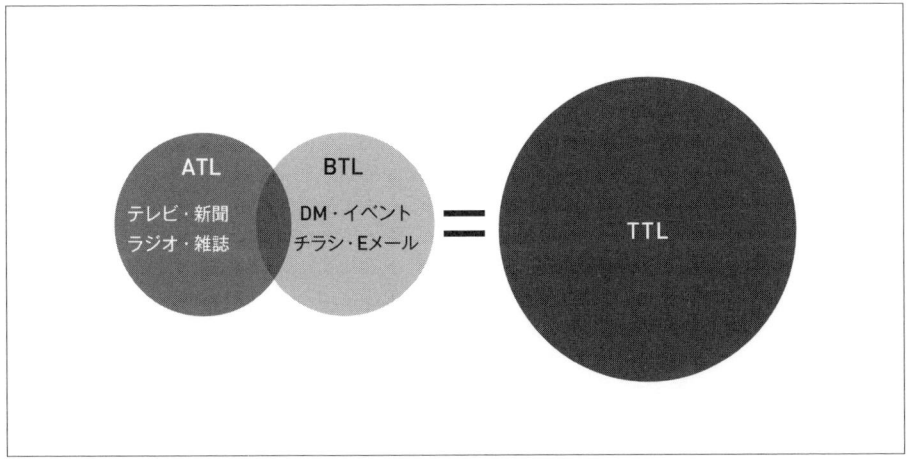

広告業界では、ATL（above the line：一般的にマス広告）、BTL（below the line：一般的にセールスプロモーション施策）、TTL（through the line：ATLとBTLの統合）などと言われますが、全てのコンタクト・ポイントを有機的に統合し（integrated）、つまり、above the lineもbelow the lineも一気通貫で利用し（through the line）、マーケティングをマネジメントするという概念です。

ここで、「マーケティングをマネジメントする」という発想が大事になってきます。IMCでは、ブランド・エクイティ（ブランド資産）の算出やマーケティング目標の明確化、ROI（Return on Investment：投資効果）分析の重要性についても触れられています。つまり「through the lineでROI分析をしないとダメです」ということです。「広告効果を測定して、マーケティングをマネジメントする」と言っても良いでしょう。

マネジメントとは、資源や資産、リスクなどを管理し、ビジネス上の効果を最適化、最大化することです。マーケティングをマネジメントするためには、その効果測定が必須です。しかしながら、それを実践するとなると簡単ではありません。

特にネット以前の時代においては、生活者のデータベースを作成し、ターゲットセグメント別にメッセージを届けたくても、それに対応できるメディアや施策に限界がありました。

以前は広告主企業が各世帯の情報を収集しデータベースを作成できたとしても、そこに届けることができるのは、紙のダイレクトメール（DM）、定期購読している雑誌や宅配の新聞などでした。しかし、これらを開封したかどうか、読んでいるのかは測定できません。また、テレビやラジオは、エリアや時間帯でターゲティングすることはできますが、細かい生活者属性別のセグメントはできません。そして何よりも、本当に広告を見てくれているのか、聞いてくれているのかわかりません。

そのため、パネル調査やアンケート調査などで対処しますが、全数調査は難しく、また即時性もないため、実際のマーケティングの現場でマネジメントに使うまでには至りませんでした。また技術・環境が整っていなかったことも、マーケティングをマネジメントできなかった要因の1つです。言い換えると、マーケティング・マネジメントの実践環境が整うまでには、アドテクノロジーの発達やビッグデータの解析技術などの進歩を待たねばならなかったのです。

検索連動型広告の登場

これまで述べてきたように、初期のネット広告の効果測定は、原始的で限られた範囲のものでした。そのため、「ネット広告の特徴は効果測定ができること」とは言っても、「マーケティングをマネジメントする」という視点で考えると不十分なものでした。例えば2000年頃までは、クリック率が低いディスプレイ広告を他のものに差し替え

る程度のオペレーションしかできていませんでした。

　ところが、画期的なビジネスモデルが台頭してきたことにより、状況は2000年代前半から急変しました。それが検索連動型広告です。

　キーワード単位で買い付けを行い、入札制のクリック課金型である検索連動型広告は、それまでの広告では常識であった「枠売り」の概念を覆しました。「このキーワードは効果が高そうだから高い金額で入札しよう」「こっちのキーワードは効果が低そうだから低い金額で入札しよう」など、メディア側が設定した価格ではなく、広告主側が自ら価格を設定できます。さらに開始・終了のタイミングも広告主が自由に決められます。また低予算でも取り組むことができ、1万円からでも始めることができます。

　検索連動型広告の登場が、マーケティングのマネジメントにおいても、重要なターニングポイントとなりました。

　なぜなら、分単位で効果を測定し、それに応じて施策を変更することができるからです。キーワードの追加／削除、広告文の追加／変更／削除、入札価格の変更など、すぐにその効果を確認し、そのまま管理画面で設定を変更することもできます。そのため、PDCAを回さざるを得ない状況とも言えます。否が応でも、マネジメントせざるを得ない仕組みになっているため、マネジメントを毎日行うという習慣が広告業界に徐々に浸透していくことになりました。

▶ 役に立たない広告は表示されない

　検索連動型広告の入札制はOverture（オーバーチュア／現在はヤフーに吸収）が導入したものでしたが、それをGoogleのAdWords（アドワーズ広告）が改良して、クオリティスコア（品質スコア）というシステムが組み込まれました。

　クオリティスコアとは広告の品質を数値化したものです。その基本は、CTR（Click Through Rate：クリック率）で構成されています。簡単に言うと、ユーザーにたくさんクリックされる広告ほど品質が高く、あまりクリックされない広告は品質が低いと見なされます。

クオリティスコアが高い場合は、広告主は安い金額で入札に勝つことができ、より優位な掲載位置（検索結果画面のより上位の表示位置）を与えられる可能性があります。つまり、入札金額を高く積めば入札競争に勝てるというわけではないのです。

では、（入札金額）×（クオリティスコア）によって勝負が決まるということは、何を意味しているのでしょうか。

これは、ユーザーにクリックされない広告（クリック率の低い広告、あるいは、クオリティスコアの低い広告）は掲載したくないというGoogleのメッセージです。ユーザーにクリックされない広告とは、ユーザーの興味を惹かないということです。Googleのユーザーにとって役に立たない広告は、いくら高いお金を払っても掲載しません、ということです。そして実際に、クオリティスコアがあまりに低い広告は、いくら高い金額を積んでも表示されなくなります。ほぼ同じ仕組みを採用しているヤフーでも同様のことが言えます。

▶ ターゲティング革命

ユーザーの興味を惹かない広告は表示されません。この事実の前に、広告主や広告代理店は、より精度の高いターゲティングを考えなければならなくなりました。

検索エンジンで検索されているキーワードは多岐にわたることから、検索連動型広告では大量のキーワードが利用されています。広告主によっては、一度に1,000万個以上のキーワードに入札し、網を張っているところもあります。

どのような人がどのような理由で検索していて、どのような情報ニーズがあるのか。それに対して、どのような情報を広告として表示すれば、ユーザーの興味を惹き、入札競争を競合他社よりも優位に戦えるのか。各々のキーワードにおいて、日々、トライアル・アンド・エラー（試行錯誤）を積み重ねていくことになります。

視点を変えると、キーワード単位でのターゲティングという課題に真剣に取り組むほど、その見返りが広告主に与えられる仕組みとも言

えます。検索連動型広告は検索キーワードターゲティング広告と言い換えても良いと思います。まさに、検索連動型広告の登場はターゲティング革命となったのです。

▶ マーケティング・マネジメントの習慣が定着

先ほど、1990年代前半に登場した「統合型マーケティングコミュニケーション」について触れました。検索連動型広告の登場は、局所的ではあるものの、日々の業務レベルで「マーケティングをマネジメントする」行為が定着する契機を広告業界に与えました。

そしてオペレーションレベルで「マーケティングをマネジメントする」習慣が広告業界に浸透するにつれて、より高度な広告効果測定のニーズが生じてくることになります。例えば、ディスプレイ広告と検索連動型広告を同時に出稿した際の相乗効果や、テレビCMと検索連動型広告を同時に出稿した際の相乗効果などです。

2005年頃から、従来の「メディアミックス」に代わって、「クロスメディア」が流行しました。メディアミックスとは一般的に「足し算」だと言われています。テレビやラジオ、新聞、雑誌などのメディアに同時出稿することで、広告のリーチが加算されていくイメージです。これに対して、クロスメディアは「掛け算」に例えられます。「テレビCMを見る→ネット検索を行う→検索連動型広告をクリックする→広告主サイトを訪問する→クーポンをゲットする→クーポンをプリントアウトする→店頭に持参して割引を得る」といった一連の流れをイメージします。

このようなクロスメディアの施策は、中間にある検索連動型広告や広告主サイトで日々の効果測定を行い、できるだけスピーディーに改善策を実施することになります。テレビCMを毎日変えることはできませんが、その掛け合わせ施策である検索連動型広告やサイトは容易に変更できます。

クロスメディアの施策が日々の業務レベルでマネジメントされ、効果測定されるようになると、当然ながら、テレビCMの投下量やクリ

エイティブ素材の効果について、放送時間に合わせて秒単位で検証されるようになります。「何時何分の出稿が最も検索を多く誘発していて、サイトのアクセス数も多かった」というレベルでクロスメディアの効果測定を行うことになります。このことが、マス広告も含む形で、マーケティング・マネジメントをさらに進化させ、かつ高度な広告の効果測定が必要となる背景になってきます。この流れがさらに進むと、アトリビューション（第5章で解説）の登場につながっていきます。

第3章

アドテクノロジー

ネット広告に携わる方であれば、「アドテクノロジー」という言葉をしばしば耳にしているでしょう。その一方で、主に4マスを中心に広告に携わっているマーケターや広告人にとっては、アドテクノロジーは少し遠い存在で、難しいという印象を持っているかもしれません。この章では、アドテクノロジーの基本知識と各用語の概念や関連性などを解説していきます。

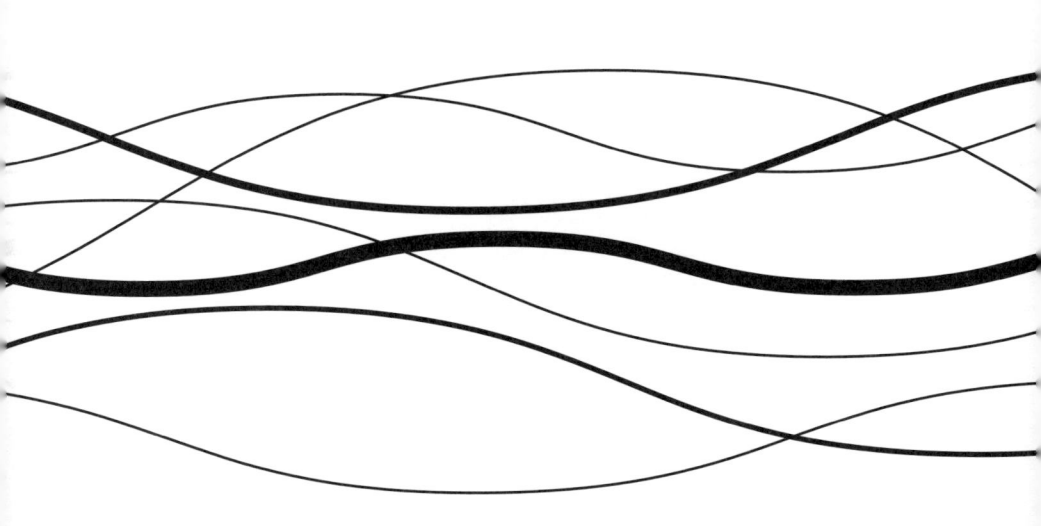

アドテクノロジーの周辺領域

アドテクノロジーの進化が、広告・マーケティングの領域に根本的な革新をもたらすと言われています。アドテクノロジーとひとくくりに言っても、それが示す領域はとても広く、まずはその領域を整理していきましょう。

アドテクノロジーが示す領域

アドテクノロジーを理解する第一歩として、まずはアドテクノロジーを含めた周辺領域を整理していきましょう。変化のスピードが速いアドテクノロジーの領域では、多くの言葉が生まれては消え、概念は変わらずともトレンドが変わるたびに言葉が変わる場合があります。そのため、領域ごとの概念と用語の把握をしておくことが重要になります。

アドテクノロジーの周辺領域

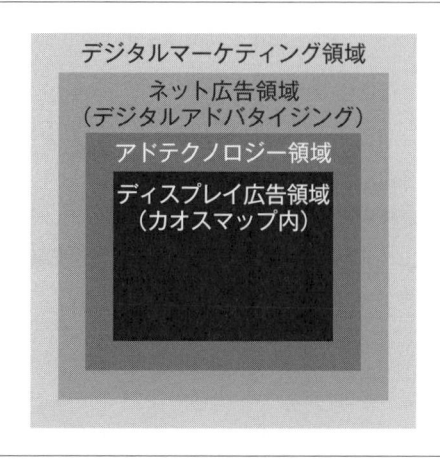

- デジタルマーケティング領域
  - ネット広告領域（デジタルアドバタイジング）
    - アドテクノロジー領域
      - ディスプレイ広告領域（カオスマップ内）

▶ デジタルマーケティング

　最も大きな枠組みは、デジタルマーケティング領域です。デジタルマーケティングとは、デジタル施策によって得られるデータを活用して、マーケティング活動全体を最適化することです。広告出稿だけの話ではなく、企業の宣伝／広告／広報／販促活動全てを含む、とても大きな領域になります。例えば企業が運営するFacebookページ、Twitterアカウントでの情報発信などもここに含まれます。海外ではすでにデジタルマーケティングは当たり前になりつつあり、デジタルとあえて付けずに"マーケティング"と総称されることが増えました。

▶ ネット広告（デジタルアドバタイジング）

　デジタルマーケティングと合わせてデジタルアドバタイジング、またはオンライン・アドバタイジングと呼ばれることもあります。ここからがいわゆるネット広告領域全体になります。

▶ アドテクノロジー

　テクノロジーを活用した広告領域のことを指します。特に日本では、「アドテクノロジー＝ディスプレイ広告領域」と思っている人が多いようですが、正確には「テクノロジーを駆使した広告」という定義です。つまり、ディスプレイ広告に限らずテクノロジーを駆使した広告の領域全てのことを意味しています。アドテクノロジーという場合は、ディスプレイ広告以外も含まれるということをぜひ覚えておいて下さい。

　実際に、海外のWikipedia「advertising_technology_companies」（http://en.wikipedia.org/wiki/List_of_advertising_technology_companies）の項目にはディスプレイ広告以外の会社・サービスも多く含まれており、検索連動型広告やそれに付随するサービスなども含まれています。

▶ ディスプレイ広告

いわゆるアドテクノロジーの代表的存在となっている、カオスマップ（正式名称：DISPLAY LUMAscape）で記載されている領域です。

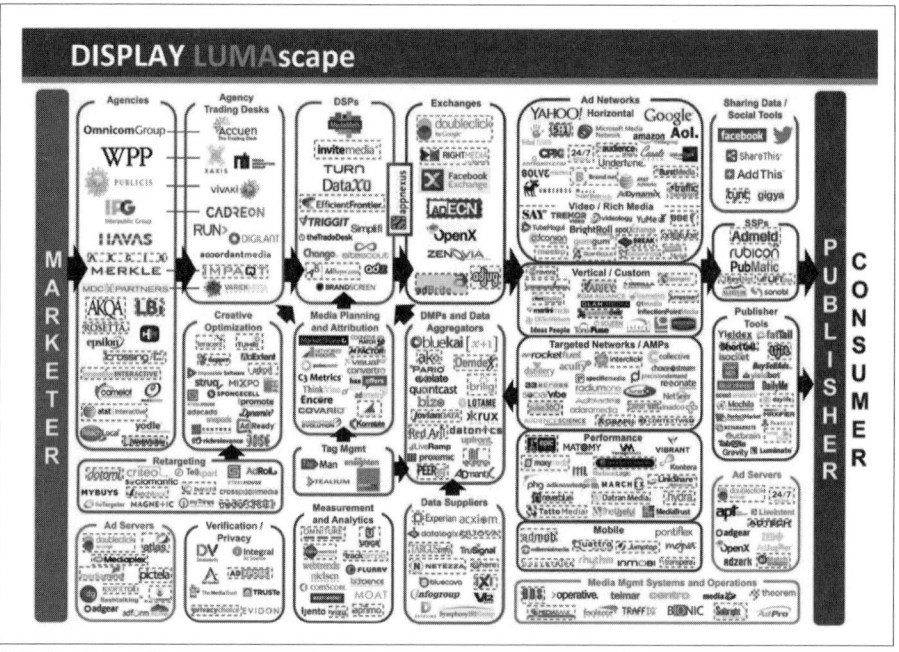

(参照) : http://www.slideshare.net/tkawaja/luma-display-ad-tech-landscape-2010-1231　　©LUMA Partners LLC 2013

第3章：アドテクノロジー

メディア視点：
ディスプレイ広告進化の歴史

ディスプレイ広告は、アドテクノロジーの代表的存在となっている領域です。ここではメディアの視点から、その進化の歴史を追っていきます。

メディアの視点から
ディスプレイ広告進化の歴史を紐解く

「アドテクノロジーの進化」としばしば耳にしますが、そもそも何が進化したのでしょうか。ここではアドテクノロジーの代表的な存在とも言えるディスプレイ広告領域に注目して、その進化の過程を追っていきましょう。広告配信には、メディア（媒体社）と広告主の2つの立場がありますが、ここではメディアの視点から読み解いていきます。

▶ 黎明期

ネット広告が始まった当初は、運用方法や広告の価値が確立されておらず、原始的な方法で運用されていました。広告の画像は、記事内のコンテンツや画像と一緒にメディアのコンテンツサーバーにアップロードされていました。そのため、広告を差し替えるにはその都度人が対応する必要があり、多くの手間と時間を要していました。よって、決まった時間のみ、もしくは1日単位や1週間単位で広告を変更するといった運用が主でした。

ベタ貼り時代

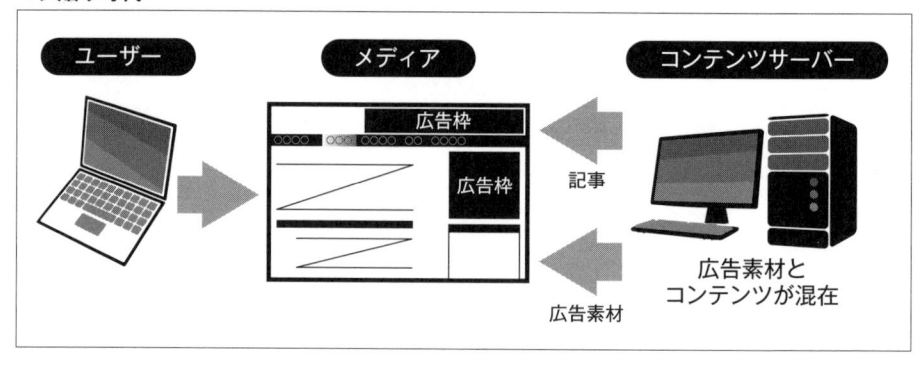

▶ アドサーバー時代

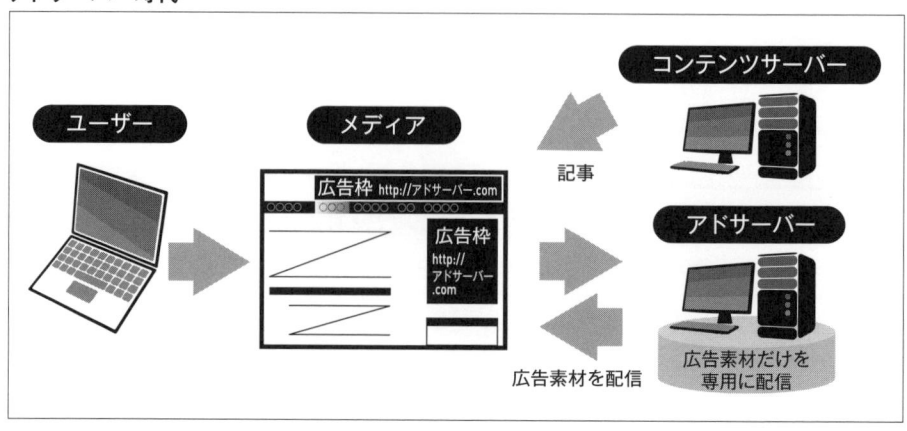

黎明期の煩雑で原始的な方法から、広告運用方法が次第に確立され、アドサーバー（広告配信管理用のサーバー）が登場しました。記事やサイトの構成情報などはコンテンツサーバーを使い、広告の部分には外部のアドサーバーのURLを貼り付けるといった仕組みです。

アドサーバーの登場により、広告の箇所だけを外部のサーバーを使って運営できるようになりました。その結果、広告在庫・配信の管理が柔軟に行えるようになり、メディアはインプレッション（表示回数）ごとに純広[*1]を販売することが可能になりました。

*1 純広とは、広告主がメディアの広告枠を買い取り、広告主側で制作された広告を掲載するもの。

アドサーバー時代

▶ アドネットワーク&アドエクスチェンジ時代

　アドサーバーの登場により、黎明期よりも柔軟に広告配信・管理が行えるようになったものの、メディアは余剰在庫とそのマネタイズの問題を抱えていました。ネットメディアの広告枠を販売するビジネスの難点は、ここにあります。

　メディアは未来に発生する広告在庫を予測して販売するビジネスモデルです。例えば、あるネットメディアの先月の広告在庫が9,000万インプレッションでした。そこで今月も、先月と同量の広告在庫（9,000万インプレッション）を見込めるかというと、それは定かではありません。先月と同量の広告在庫を販売していても、アクセス数が落ちて広告在庫が足りなくなってしまう事態は十分に起こり得ます。

　そのような事態を避けるために、メディアは独自の在庫予測を行い、安全な範囲で広告在庫を販売しています。裏を返せば、広告在庫が足りなくならないように販売しているので、必ず広告在庫が余るということです。

アドネットワーク時代

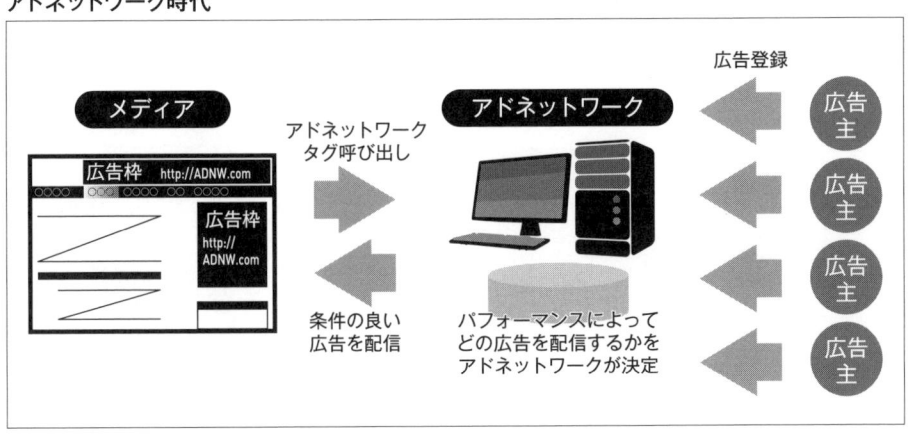

（図：メディアの広告枠からアドネットワークタグ呼び出し → アドネットワークがパフォーマンスによってどの広告を配信するかを決定 → 条件の良い広告を配信。広告主が広告登録）

　この余剰在庫分のマネタイズに着目して登場したのが、アドネットワークやアドエクスチェンジでした。余剰在庫が発生した時点でアド

ネットワークのタグを呼び出し、アドネットワークが適切な広告主の広告を選んで表示します。アドネットワークには多くの広告主が出稿しているので、メディアは営業をせずとも余剰在庫をマネタイズできるようになりました。ただし余剰在庫分ということもあり、純広と比較するとかなりの低価格帯での販売を余儀なくされます。

また、アドネットワークには広告主が直接広告を発注できますが、アドエクスチェンジはアドネットワーク経由、もしくはDSP（Demand-Side Platform）経由で購入します。ここがアドネットワークとアドエクスチェンジの違いです。

▶ SSP時代

純広に加えて、アドネットワークやアドエクスチェンジを活用して余剰在庫のマネタイズを行うようになってくると、徐々に純広とアドネットワークのパワーバランスが崩れてきました。パフォーマンスを重視する広告主は、純広へは出稿せずに、結果的に効率の良いアドネットワークを主に活用するようになりました。これによって純広の販売は低減し、メディアは新たなマネタイズの模索が必要になりました。

SSP時代

図：SSP時代の広告配信フロー

① 広告在庫発生
② 広告在庫を各DSPへRTBオークション（150円）
③ 各DSPの中で一番高く入札した広告主の金額をSSPへ応札（300円、200円）
④ 一番高く購入した広告主の広告を配信

DSP（広告主 20円／広告主 150円）
DSP（広告主 0円／広告主 300円）
DSP（広告主 100円／広告主 200円）

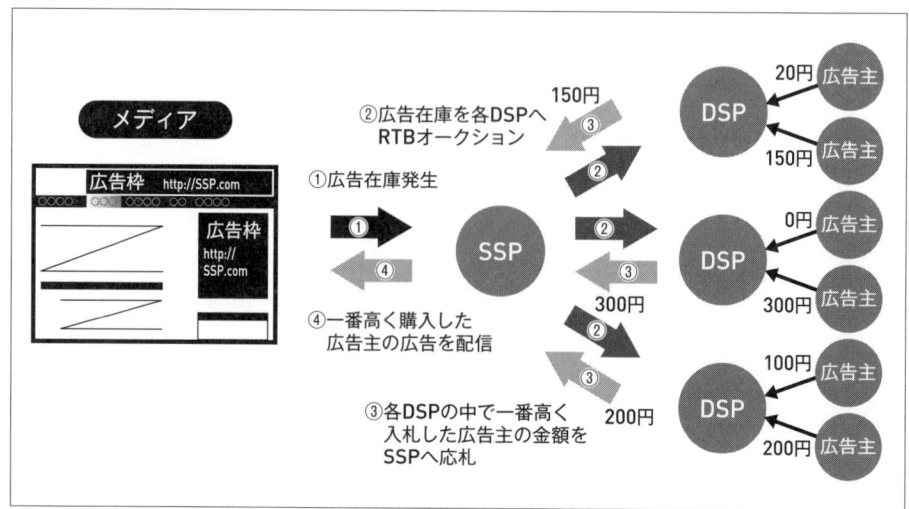

そこでRTB（Real Time Bidding）という仕組みが登場します。RTBではメディアに広告在庫が1インプレッション発生したタイミングでオークションを開催し、最も高い値段でその広告在庫を買う広告主の広告を配信する仕組みです。

RTBの仕組みを利用するにはSSP（Supply-Side Platform：メディアが登録し、オークションを開催する仕組み）とDSP（Demand-Side Platform：RTBオークションで広告を買う仕組み）の双方が必要です。これにより、メディアはSSPを利用することで、1インプレッションを最も高く販売することができ、広告在庫の単価アップにつながります。今日では日本においても、アドネットワークで広告在庫をマネタイズするよりも、SSP経由でマネタイズするほうが高く販売できるケースも見られるようになりました。

▶ メディアのマネタイズ戦略のキーポイント

メディアのマネタイズ手法は、純広に始まり、アドネットワークやアドエクスチェンジが登場し、現在ではSSPの利用など多岐にわたります。一概にどれが良いということではなく、バランスよく組み合わせていくことが重要なマネタイズ戦略の鍵となります。

また海外や一部の日本のSSPは、RTBオークションを開催するだけではなく、メディアのインプレッションを全て預かり、純広・アドネットワーク・RTBという多くの手法の中から最適な配信ポートフォリオを組み、メディアの限られたインプレッションから広告収益を最大化する役目を担っています。

第3章：アドテクノロジー

広告主視点：
ディスプレイ広告進化の歴史

ディスプレイ広告は、アドテクノロジーの代表的存在となっている領域です。ここでは広告主の視点から、その進化の歴史を追っていきます。

広告主の視点から
ディスプレイ広告進化の歴史を紐解く

前節で解説したメディア側の視点を踏まえた上で、今度は広告主から見たディスプレイ広告の進化の歴史を追っていきましょう。

▶ 純広の時代

現在、ネット広告はインプレッション（表示回数）単位で柔軟に購入できますが、ネットメディアが登場した当初は、広告出稿の方法は純広[*1]の買い付けのみでした。純広は、あらかじめ配信量・期間を決めて予約しておく必要があり、効果が見合わなくても途中で中止できません。

[*1] 純広とは、広告主がメディアの広告枠を買い取り、広告主側で制作された広告を掲載するもの。

純広買い付け

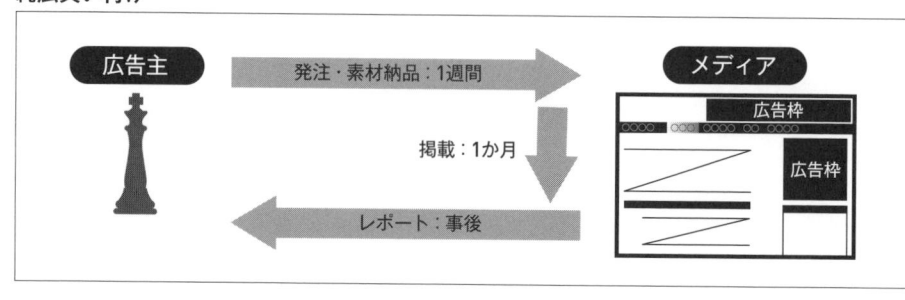

```
広告主 ──発注・素材納品：1週間──→ メディア
                                    [広告枠]
        掲載：1か月
                                    [広告枠]
       ←──レポート：事後──
```

純広を購入するには、広告主（もしくは広告代理店やメディアレップ）とメディア間でのスケジュール確認、単価交渉、広告画像（バナー）・リンクURLの送付など多くの手続きが必要です。また複数のメディアを購入する場合には、各メディアとのやりとりが発生し、余計に煩雑になるという課題がありました。

▶ アドネットワーク&アドエクスチェンジ時代

　ネットメディアの増加にともない生活者が分散し、広告主にとってはどのメディアの広告枠を購入すればいいのか、判断が難しい状況になりました。そこで、「どのメディアを買うか」ではなく、「効果の良いメディアを買う」というように考え方が変わり、アドネットワークやアドエクスチェンジが生まれました。

アドネットワーク買い付け

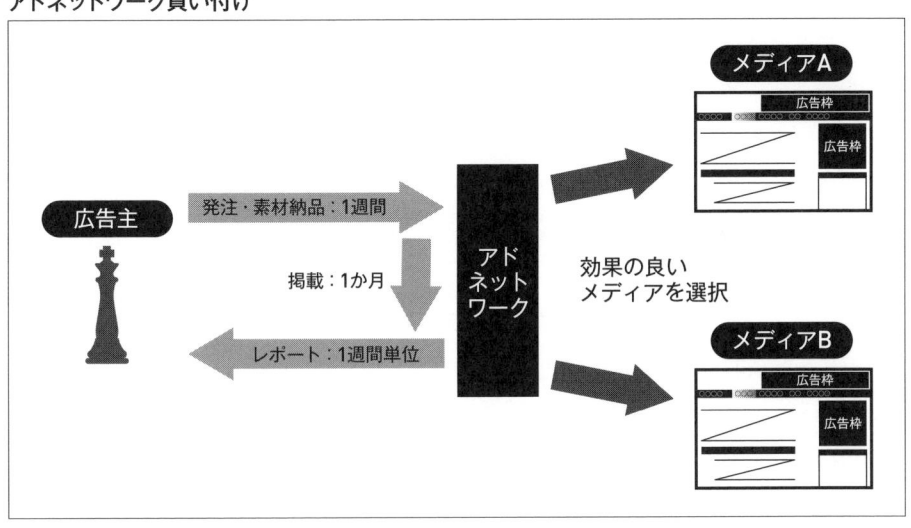

　アドネットワークには多くのメディアの広告在庫が登録されています。なので、アドネットワークに自社の広告を登録すれば、アドネットワークが効果の良いメディアを探し、そこに向けて広告配信を行ってくれます。これまで複数の純広を配信して効果検証を行い、効果の

良いメディアを探す運用を人力で行っていましたが、それをアドネットワークが自動で実行してくれるようになりました。結果として広告運用の中で、その広告主に合うメディアを探すためのPDCAサイクルが短くなりました。

ただし、アドネットワークは複数のメディアと複数の広告のマッチングサービスです。アドネットワーク内に自社の広告よりも高い出稿費用で他社の広告があれば、そちらの広告が優先され、自社の広告の出稿機会が減ってしまいます。

つまり、効率的に広告を出すことができる一方で、最終的に出稿を決めるのはアドネットワーク側であるため、広告主の思うように広告予算を増やすことが難しいという側面があります。

▶ 第三者配信の時代

ここまでを振り返ると、広告主は純広やアドネットワークなど、広告購買の選択肢が増えました。そしてネットメディアもどんどん増加し、単一メディアで大量リーチを満たすのは難しくなり、複数のメディアに出稿するようになりました。その結果、メディアやアドネットワーク各社が別々のフォーマットで提出する広告のレポートを、統一した指標で評価したいというニーズを広告主は持つようになりました。

例えば、あるユーザーがメディアA、メディアBの順に広告をクリックして、最終的に自社サイトでコンバージョンに至った場合を考えてみましょう。その際、各社から出てくるレポートには、メディアAでもコンバージョンが1件、メディアBでもコンバージョンが1件となってしまいます。つまり本来ならば1件であるコンバージョンが、メディア2社が1コンバージョンずつレポートしてしまうため、コンバージョンの重複カウント問題（第5章2節で解説）が生じます。そこでこのような課題を解決するために、第三者配信が登場します。

第三者配信の活用

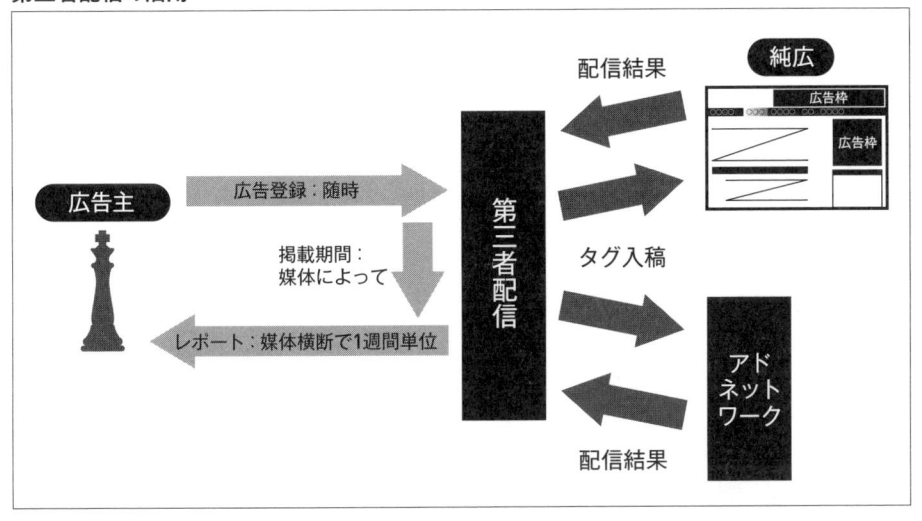

第三者配信を利用する場合は、第三者配信（3PAS：3rd Party Ad Server）に画像を入稿し、純広やアドネットワークには画像ではなく3PASが発行するタグを入稿します。広告配信をするタイミングで3PASのタグが呼ばれ、3PASに登録した画像が表示される仕組みです。

つまり、この仕組みによって複数の純広やアドネットワークへの広告画像配信を1つのシステムで行うことができ、配信結果が全て3PASに集まります。そのため前述のようなメディアを横断した広告配信数（インプレッション）の把握やユーザー単位のフリークエンシー[*2]、複数のメディアを経由したコンバージョンの重複排除が行えるようになります。

*2 フリークエンシーとは、ユーザー単位でのインプレッションの回数のこと。

また、従来は純広やアドネットワークなどへ広告配信用に一度入稿した画像を差し替えるには手間と時間がかかりましたが、3PASでは広告主が簡単に画像を差し替えることができます。

▶ DSP／RTB時代

従来の純広、アドネットワークなどへの広告出稿では、レポートの

タイミングは月に1回、短い場合でも週に1回程度でした。その理由としては、純広は配信の最適化を行うことが困難なため、あまりレポートの頻度を短くするニーズがそもそもありませんでした。またアドネットワークではシステムが自動で最適なメディアを探すため、広告主側での運用が不要であり、レポートの頻度が少なくても問題はありませんでした。

RTB買い付け(DSPの活用)

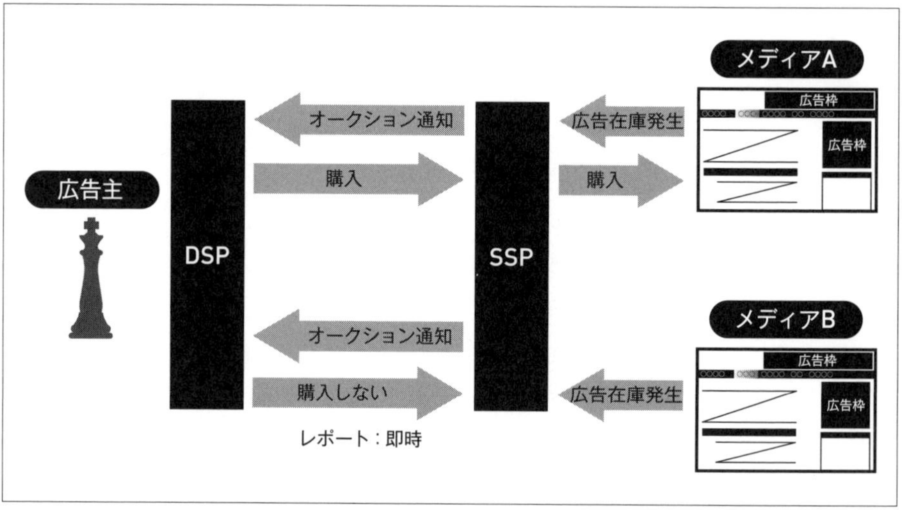

メディアA
広告枠
オークション通知
広告在庫発生
広告枠
購入
購入
広告主
DSP
SSP
メディアB
広告枠
オークション通知
広告枠
購入しない
広告在庫発生
レポート：即時

それに対して、RTB（Real Time Bidding）の仕組みでは、広告在庫が発生した瞬間に、広告主が買うか買わないかを判断することができます。つまり、昨日までの広告配信結果を参考にして、今日発生した広告在庫を買うのか買わないのかを判断し、短いスパンでPDCAを回すことができるのです。すなわち広告主は、自ら広告出稿を運用することが可能になったのです。

第3章：アドテクノロジー

カオスマップを読み解く

アドテクノロジー領域に群雄割拠しているプレイヤーをまとめた「カオスマップ」。目にしたことのある方も多いと思いますが、今回はカオスマップの読み解き方を解説します。

カオスマップを読み解く3つのポイント

　「カオスマップ」は、米国の投資家 Terence Kawaja氏が複雑なディスプレイ広告業界を1つの図にまとめたもので、正式名称は「Display LUMAscape」と言います。日本版は株式会社イーグルアイ 代表取締役社長の近藤 洋司氏が作成した「Display Advertising Technology Landscape ［JP/2013A］」（http://www.slideshare.net/HiroshiKondo/chaosmap-2013-autumn）があります。一見、ごちゃごちゃと複雑に見えるカオスマップですが、その読み方には大きく3つのポイントがあります。

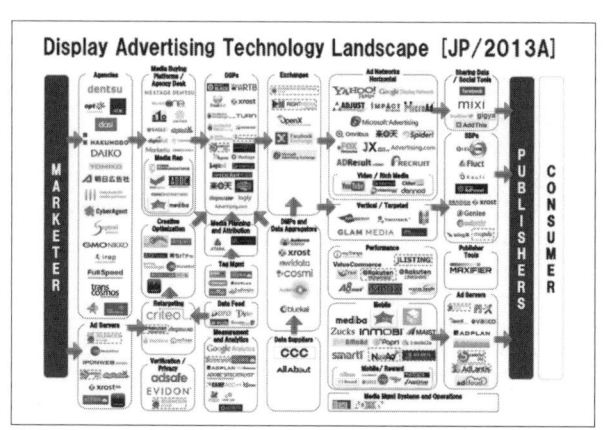

（参照：http://www.slideshare.net/HiroshiKondo/chaosmap-2013-autumn）

▶ ポイント1：広告主とメディアの間の話である

　一番左にMARKETER（広告主）、右から2番目にPUBLISHERS（メディア）があり、その間に掲載されている会社・サービスは、基本的には広告の売り買いに関わっています。これまでは広告を購入するには、「広告主→広告代理店→メディアレップ→メディア」という流れでしたが、テクノロジーを使うことで自動化・運用化し、付加価値を追加できるようになりました。

　各カテゴリーには名前が付いており、各々の役割が書いてあります。例えば上段の中央左に位置している「DSPs」は広告を1インプレッション単位で買うことができるメディアバイイングの仕組みです。

　そして左下と右下両方に「Ad Servers」とありますが、これは広告主側のアドサーバー（第三者配信／3PAS）とメディア側のアドサーバー（自社メディアの広告配信管理）であり、それぞれ役割が違います。

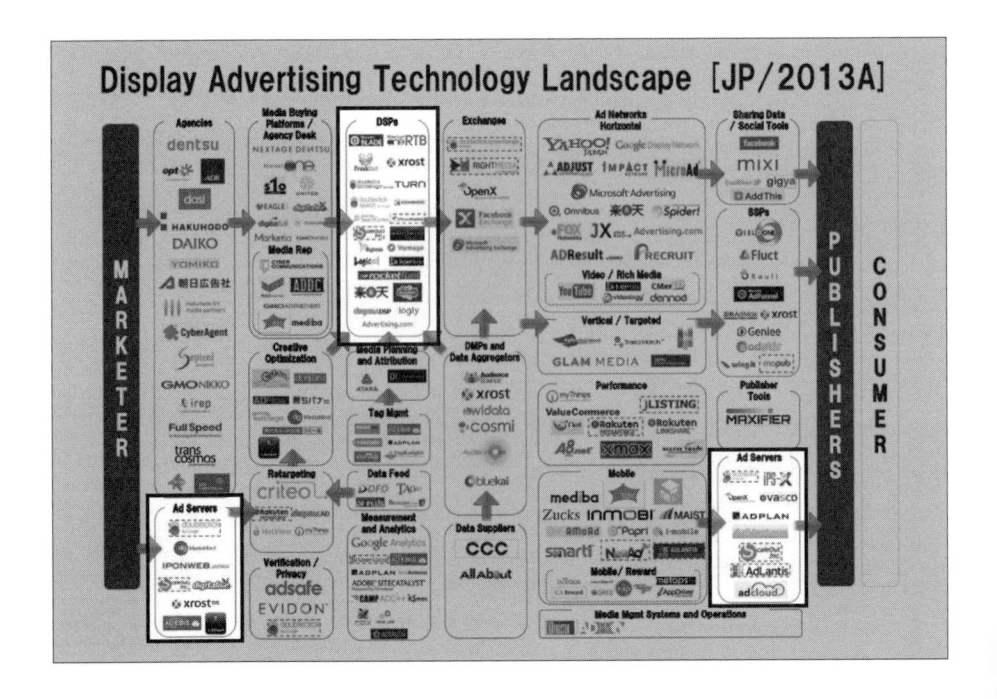

Display Advertising Technology Landscape [JP/2013A]

▶ ポイント2：全てのカテゴリーを経由するわけではない

　これはよく誤解されているのですが、カオスマップに載っている全てのカテゴリーを経由するわけではありません。逆に言えば、広告主は1キャンペーン単位で各サービスを検討し、選択する必要があるということです。従来の広告代理店が行う広告主への提案は、メディアプランニングが中心でしたが、現在は戦略とそれを遂行するためにどのテクノロジーを選択するかといったソリューションプランニングの重要度が増しています。

▶ ポイント3：カテゴリーは機能により分類されている

　カオスマップには、基本的には下記のようなプレイヤーが掲載されています。各カテゴリーは売買の自動化・運用化や付加価値を出すための専門特化した機能ごとに分化しています。

【メディア売買の組織・仕組み】
Agency、Agency Desk（トレーディングデスク）、DSP、Exchange、Ad Network、SSP、Mobile
【データを活用する仕組み】
DMP、Data Supplier
【専門特化した機能】
Verification／Privacy、Retargeting、Data Feed、Creative Optimization、Publisher Tool
【統合するための組織・仕組み】
Media Planning&Attribution、Tag Management、Measurement&Analytics

カオスマップを読み解く

では、カオスマップを読み解いてみましょう。例えば、単純に1つのアドネットワークに出稿する場合は以下のようになります。

アドネットワークを利用する場合

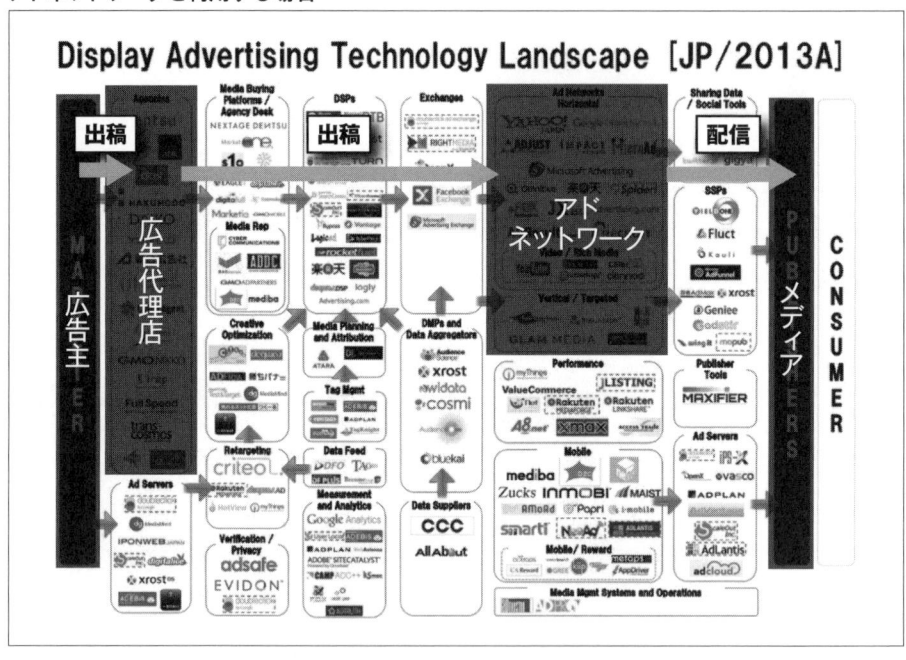

そして、そこにDMP（Data Management Platform）*1を使い、広告主サイトのユーザーのセグメント化や外部のオーディエンスデータを活用したい場合は右ページの図のようになります。このように基本的な配信の仕組みに加え、DMPなどのサービスを付け加えていくことができます。

*1 DMPとは、広義にはデータを管理する仕組み。アドテクノロジー領域では広告主のサイトやメディアのオーディエンスデータを管理する意。

アドネットワークとDMPを利用する場合

4節：カオスマップを読み解く

第3章：アドテクノロジー

DSP／RTB／SSPの仕組み

アドテクノロジーの代表的なキーワードであるDSP／RTB／SSP。この3つをセットとして、それぞれの相互関係を解説していきます。

DSP／RTB／SSPの関係

　RTB（Real Time Bidding）を理解するためには、DSP／RTB／SSPをセットとして理解することがポイントです。RTBとは、広告在庫をリアルタイムにオークションで販売し、入札して購入する仕組みです。この仕組みに対応したのが、広告在庫をオークションで販売する仕組みとしてメディア側が導入するSSP（Supply-Side Platform）と、オークションに参加して広告在庫を買う仕組みとして広告主側が導入するDSP（Demand-Side Platform）があります。

DSP／RTB／SSPの概念

DSP ⇔ RTB ⇔ SSP

1インプレッション単位の
広告在庫オークション

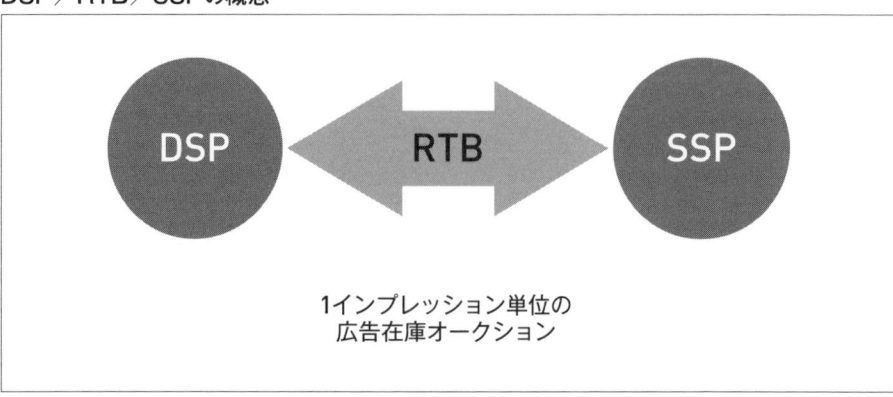

メディアのマネタイズ課題

メディアはSSPを導入することで、RTBの仕様に即して、1インプレッション単位で広告を販売することが可能になります。これまでのメディアのマネタイズ手段は、純広とそこで余った広告在庫をアドネットワークで販売する2つの手法がメインでした。新たにSSPを導入することで、アドネットワークよりも高い単価で広告在庫を販売できるようになります。SSPを導入したメディアは、アドネットワークに広告在庫を提供するよりも、どうやってより多くのインプレッションをSSPでマネタイズするかという課題に向き合うようになりました。

メディアのマネタイズ課題

高単価	中単価	低単価
純広	SSP	アドネットワーク

純広	SSP	アドネットワーク

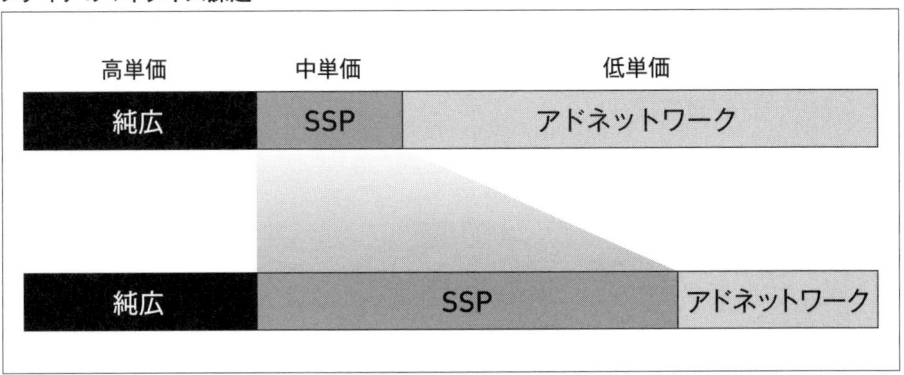

その一方で、人気の広告在庫は広告主がDSPを活用して競って買います。その結果、人気のあるものはより高くなり、人気のないものは入札されず、多くの広告在庫の買い手がつかないという現象が起きます。検索連動型広告のビッグワードのように、各社が入札に参加しすぎて入札競合を起こし、単価が高騰しすぎるという現象がRTBでも起きています。メディアとしては、1インプレッションあたりの単価が高騰しすぎてしまうと、値段に相応する価値を提供できない状況に陥ってしまいます。

より俯瞰してメディアのマネタイズを考えると、SSPで広告在庫を販売する場合にはアドネットワーク以上の値段でバランスよく広告在庫を販売するほうが適切と言えます。広告主はDSPでの他社との入札競合をできる限り回避し、他社とは異なる自社にとって価値のある広告在庫を発見して購入できれば、RTB市場がより活性化していくでしょう。

アドネットワークからRTBへ進化した経緯

　ここからは広告主の視点から、なぜアドネットワークからDSP／RTBへの進化が求められたのかを考えていきましょう。アドネットワークは、広告主とメディアの間に位置しており、全ての広告取引結果データを取得して広告主とメディアの最適なマッチングをするサービスです。

アドネットワークの仕組み

より多くの収益が出るようにマッチング

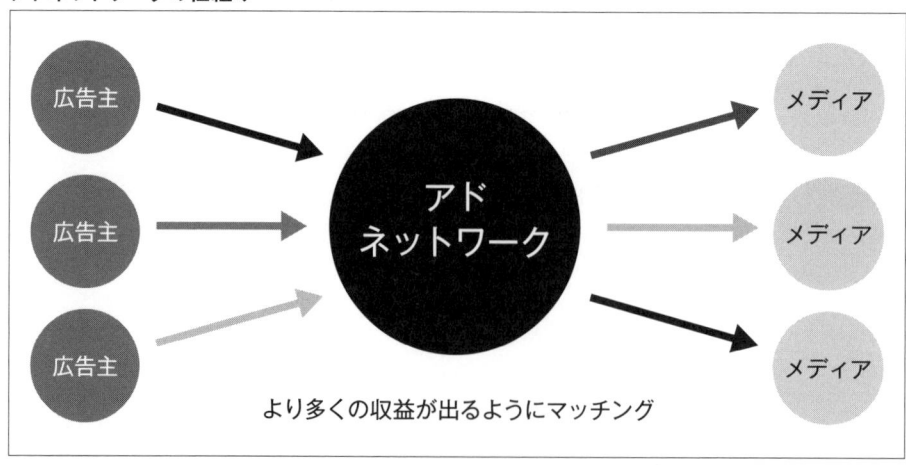

　アドネットワークのマッチングパフォーマンスによっては、広告主やメディアは他のアドネットワークに切り替えたほうが良い場合もあります。つまりアドネットワークはマッチングの最適化エンジンを強化する必要があるのですが、これには弊害があります。

*1 CTRとは、クリック率のこと。広告がユーザーに表示された回数のうち、クリックにつながった割合。

アドネットワークの仕組みでは、CTR (Click Through Rate)[*1]などのパフォーマンスが良い広告主には多くの広告在庫を提供しますが、その反面、パフォーマンスの悪い広告主にはほとんど広告在庫が供給されません。すなわちアドネットワークでは広告主が思い通りに運用のコントロールができないということです。解決策としては購入単価を上げるしかなく、アドネットワークから供給される広告在庫で満足するしかありませんでした。

このような背景から、広告主が広告を配信したいユーザーを定義して、必要な広告枠を能動的に選んで購入できるRTBの仕組みが登場しました。そして広告主はDSPを使ってRTB経由で1インプレッション単位ごとにユーザーを選び、自社の判断で広告を買うことができるようになりました。

RTBの仕組み

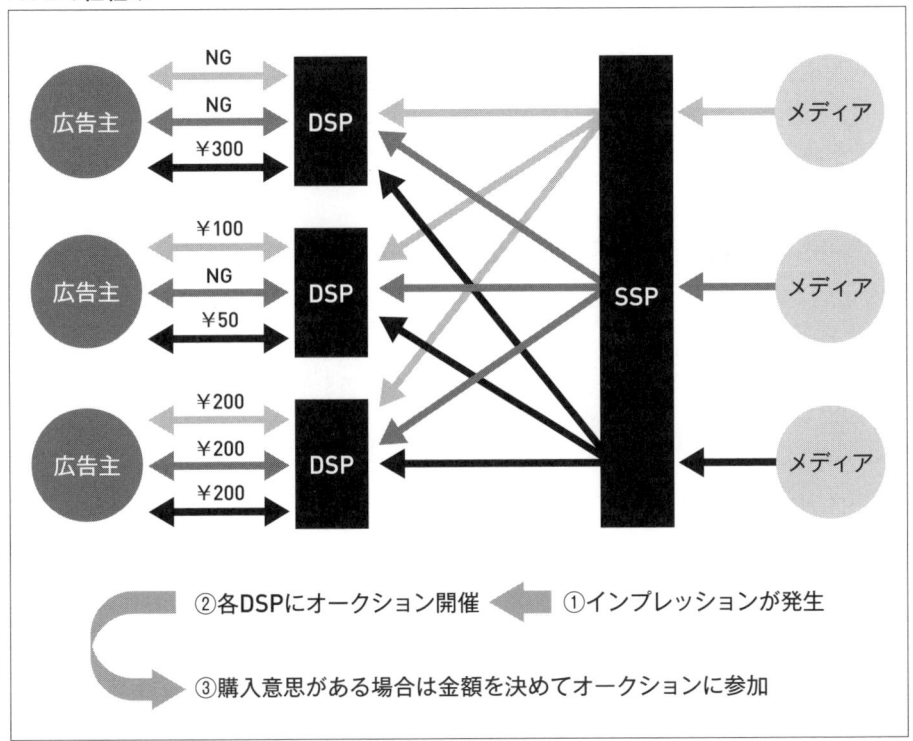

広告主 — NG / NG / ¥300 — DSP
広告主 — ¥100 / NG / ¥50 — DSP
広告主 — ¥200 / ¥200 / ¥200 — DSP

SSP ← メディア / メディア / メディア

②各DSPにオークション開催 ← ①インプレッションが発生
③購入意思がある場合は金額を決めてオークションに参加

5節：DSP／RTB／SSPの仕組み　057

もちろん他社と入札が競合する場合もありますが、アドネットワークのように割り当てられる広告在庫が自動的に決まってしまうのではなく、自社が買いたい広告在庫に入札することができます。また、入札が競合しないような、まだ他社が見つけていないパフォーマンスの良い広告在庫を探して購入することもできます。

　このように広告主が独自にメディアの価値を見直すことができる点が、アドネットワークとDSP／RTBの大きな違いです。そして、このような広告運用が普及するにともない、メディア側におけるSSP／RTB経由での広告取引件数の向上が実現していきます。

第4章

データドリブン

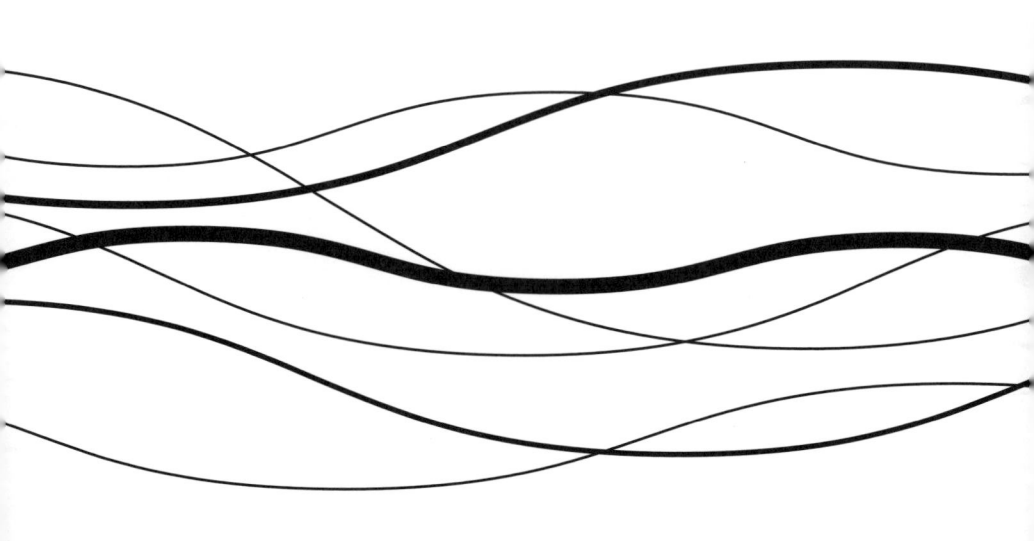

今日のマーケティング活動において、データ活用の重要性は加速度的に増しています。この章では、データドリブンな時代を企業が生き残るためのキーワードである、DMP、データフィード、商品リスト広告などについて解説していきます。

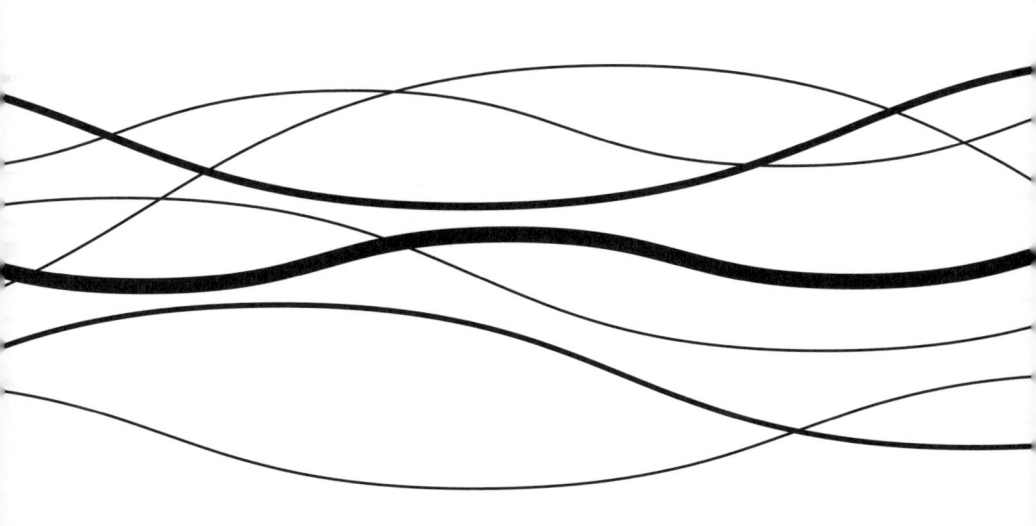

DMPの可能性

今日、DMPに企業の大きな期待が寄せられています。その理由は、DMPを活用することで、広告配信に限らず、企業のマーケティング活動・事業全体に大きなインパクトを与えることができると考えられているからです。

DMPはデータを管理するプラットフォーム

DMPとは「Data Management Platform（データマネジメントプラットフォーム）」の略です。言葉通りに定義すると「データを管理するプラットフォーム」という意味です。そしてアドテクノロジー領域でのDMP活用が意味するところは、ユーザー（オーディエンス）をDMPで管理可能になるということです。ユーザーの状態を把握して適切な広告メッセージを送ったり、最適なタイミングでの広告配信を実現するプラットフォームがDMPです。

DMPでユーザー(オーディエンス)を管理

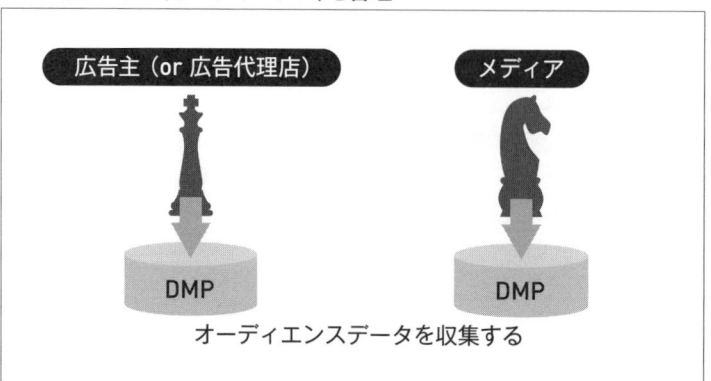

DMPの活用が進んでいる海外では、メディアと広告主でDMPの使い方に大きな違いがありますが、メインの目的はユーザーを管理するという共通点があります。これまで、広告在庫の売買に関しては「枠」取引が主でしたが、DMPでは広告主もメディアも共にオーディエンス（広告主にとっての見込み顧客／メディアにとっての読者）に視点が向いています。

DMP活用の手順

ではDMPを使った場合に、データの蓄積から広告配信までどのような流れになるのか、順を追って解説していきましょう。

▶ ステップ1：タグの設置

まずはDMP活用の第1ステップとして、データをDMPで収集するために自社サイトにDMPのタグを設置します。たくさんのデータを収集するためには、多くのページにタグを設置する必要があります。DMPのタグはページごとに異なるタグを貼り分けると煩雑になるので、同一のタグを設置できるようになっています。

DMPへデータ収集

各ページへDMPタグを設置してデータをDMPへ蓄積する

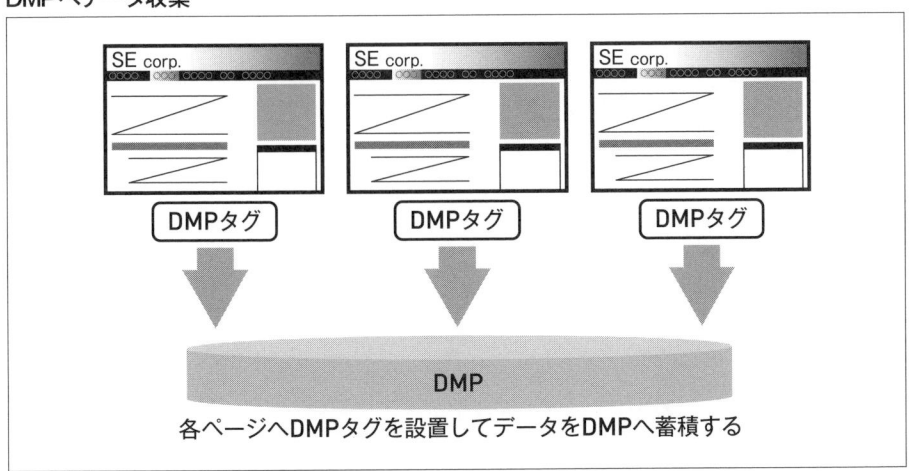

▶ ステップ2：集めたデータの分類

ステップ1でタグを貼りましたが、このままではDMPの中のデータは何の意味も持ちません。ユーザーのページ閲覧データが溜まっているだけです。ステップ2では、溜まったデータをルール化して分類します。

分類方法としては、URLごとに分類したり、特定の文字列を含む場合に分けたりします。例えば「車」というカテゴリーを作成したい際には、「car」という文字列を含む場合にピックアップして分類するといったことができます。

オーディエンスターゲティングのためのセグメント作成

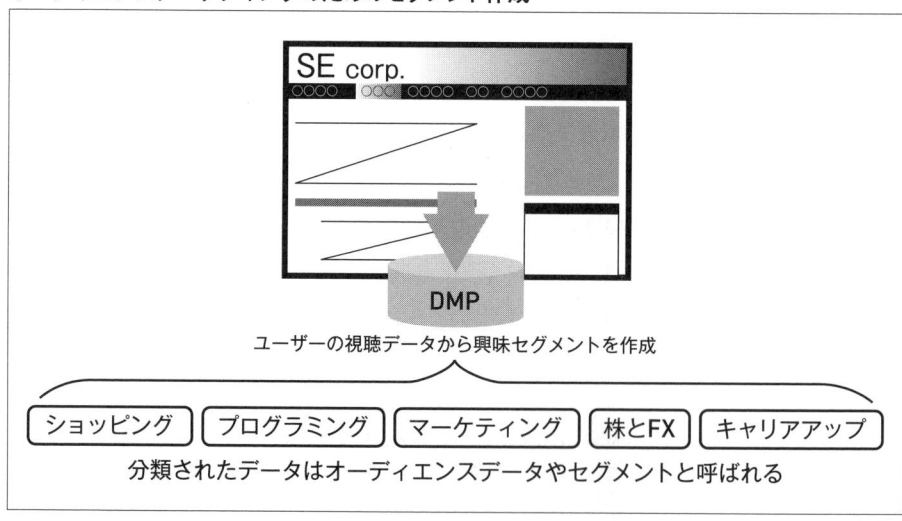

ユーザーの視聴データから興味セグメントを作成

ショッピング　プログラミング　マーケティング　株とFX　キャリアアップ

分類されたデータはオーディエンスデータやセグメントと呼ばれる

このようにデータをサイトのカテゴリーごとに分類し、そこに該当するユーザーを振り分けていきます。そしてDMPの中に溜まったデータをURLや特定のルールに従って分類したものをセグメントと呼びます。例えば上の図では、「ショッピング」「プログラミング」「マーケティング」「株とFX」「キャリアアップ」と5つのセグメントを作成しています。

▶ ステップ3：広告配信（オーディエンスターゲティング）

ステップ3では、DMPの中でセグメントごとに分類したユーザーのデータを活用して、セグメント単位で広告配信を行っていきます。各セグメントへ広告を配信することを、一般的にはオーディエンスターゲティングと言います。

オーディエンスターゲティングの仕組み

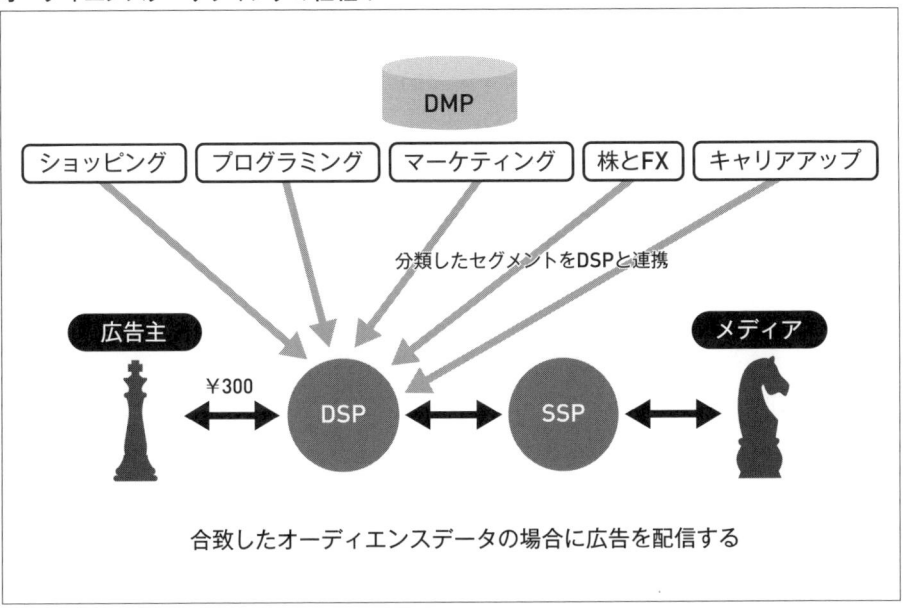

```
                    DMP
  ショッピング  プログラミング  マーケティング  株とFX  キャリアアップ

              分類したセグメントをDSPと連携

  広告主                                              メディア
        ¥300
         ⇔    DSP   ⇔   SSP   ⇔

       合致したオーディエンスデータの場合に広告を配信する
```

上の図は、メディア側のオーディエンスデータをDSPにシステム連携させて、データを提供したものです。つまり広告主は、メディアのオーディエンスデータを活用して、ユーザーに広告を配信できるようになります。

逆を言えば、広告主がオーディエンスターゲティングを行うためには、DMPを用いてメディアや自社のデータでユーザーをセグメント化し、DSPなどで広告を配信する際にターゲティングユーザーとして活用する必要があります。

DMP活用とリターゲティングの関係

ここまではメディアの視点からDMP活用の流れを説明してきました。今度は広告主の視点からDMP活用について考えてみましょう。

▶ リターゲティング（リマーケティング）

サイト来訪者をターゲティングして、外部メディアで広告を出すことをリターゲティングやリマーケティングと呼びますが、DMPを使うことでそのターゲティング対象をより柔軟に管理することができるようになります。

ECサイトを例に挙げると、購買に至るまでには「トップページ」「商品詳細ページ」「カートに商品を入れた」「購入」などのステップがあります。これらを段階別にセグメント化し、ターゲティング対象を分けることで、より細かく精度の高いターゲティングが可能になります。もちろん対象によって必要な情報が異なるため、対象ごとに出す広告を使い分けるとより効果的です。

広告主サイトでのDMP活用

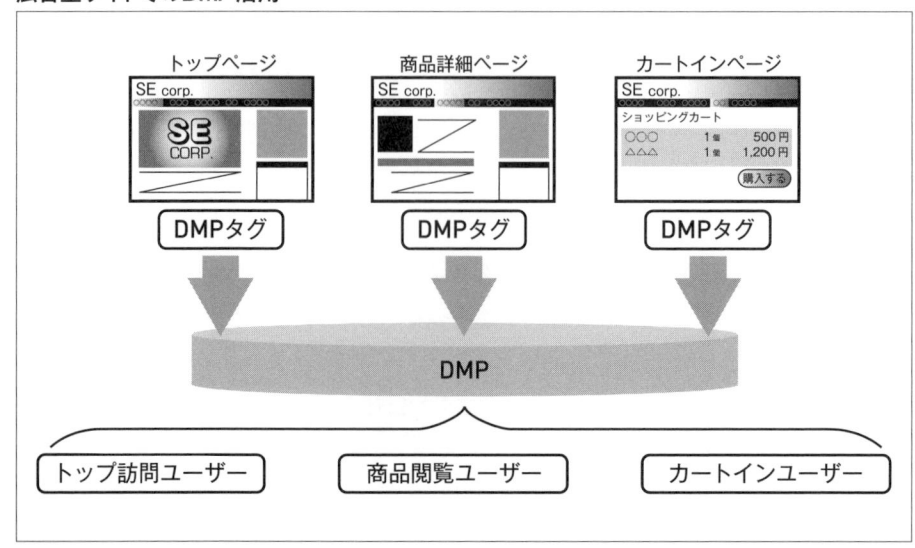

左ページの図では「トップ訪問ユーザー」「商品閲覧ユーザー」「カートインユーザー」の3つのセグメントを作っています。例えば、「カートインユーザー」のセグメントで、カートに商品を入れたまま未購入の状態であれば、この3つのセグメントの中では最も商品を購入する確率が高いユーザーと言えます。そのユーザーに対して「3日以内に購入すると500円引きクーポン」の広告を配信するといった購買までの一押し施策を行うことで、より効果的に広告訴求を行うこともできます。

　一方で「トップ訪問ユーザー」には、サイトに1度だけ、数秒だけ滞在したユーザーも含まれており、購買の確率は低いと思われます。また「商品閲覧ユーザー」は、実際に閲覧した商品のカテゴリーごと（「ファッション」「スポーツ」「アウトドア」「車」など）にセグメントを作成し、広告配信に活用するのが効果的です。

第4章：データドリブン

データフィード

データフィードは「企業がデジタルマーケティングを通じて、生活者により広く接触するためのさまざまなデータ活用自動化の取り組み」と言えます。その自動化が必要になってきた背景からその仕組みまで解説します。

加速するフラグメンテーション

データ活用の自動化が進む背景を理解するためには、まずはマーケティングを取り巻く環境の変化を理解する必要があります。最も大きな変化としては、さまざまな「フラグメンテーション（Fragmentation）」が進んでいることが挙げられます。フラグメンテーションは直訳すると「断片化」「分散化」という意味です。簡単に言うと、「物事が細かくなること」です。

▶ デバイス

ここ数年だけを振り返っても、個人が情報に接触するデバイスはかなり多様になりました。テレビやパソコンが主な情報収集端末だった時代から、スマートフォン、タブレット、電子書籍端末などのモバイルデバイスに一気に広がりました。旧来のテレビもスマート化し、映像だけではなく情報やデータを入手できるように進化しています。また、腕時計や眼鏡などもウェアラブルデバイスとして、より一層「いつでも、どこでも」情報に接することが可能になってきています。そして、今後も想像もしていなかったような多種多様なデバイスが出現すると思われます。

フラグメンテーションのイメージ

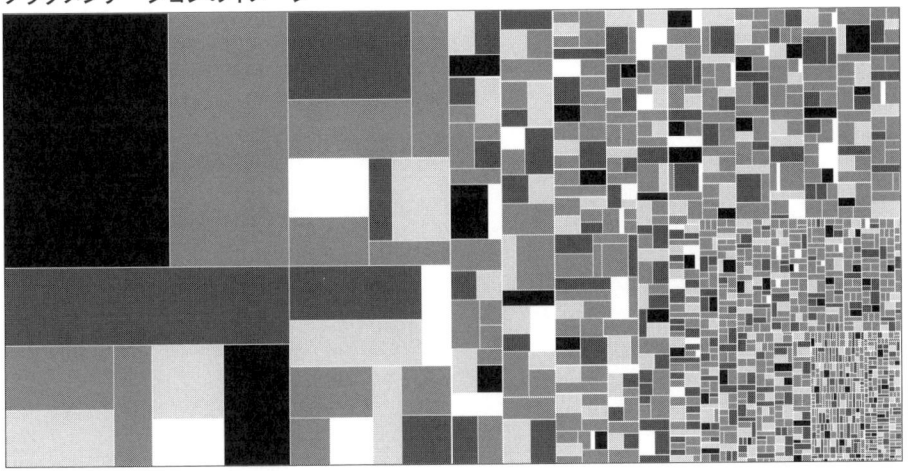

　デバイスに関しては、ハードウェアそのものの種類も増えましたが、それらが搭載するOSやブラウザ、次々と開発されるアプリなども存在することを考えると、情報提供者は実際には何万種類ものデバイスに対応する必要があります。
　また、持ち運びが自由になった結果、いつでもどこにいても情報に接触することができるようになりました。つまり、情報に接触する時間も多様化したわけです。テレビを例に取ってみると、以前はプライムタイムの時間帯に大勢の人が同時に情報をテレビから入手していました。さらに言えば、その時間にならないと情報を入手することができませんでした。つまり、情報提供者はその時間に対応していれば大きな効果を見込めたわけです。
　それが今では、録画によるタイムシフト視聴や時間・場所を問わずにネット上で動画を見ることができるオンデマンド視聴が当然のように行われています。情報接触の主導権が、確実に情報提供者から生活者へと移っています。その変化に伴い、情報提供者は生活者が「いつでもどこでも」情報に接触する手段に対応する必要が出てきました。
　このように、生活者が情報接触するための端末が多種多様になり、さらに増え続けている状況を「デバイス・フラグメンテーション」と

呼ぶことにしましょう。

広がる情報接触のためのデバイス

▶ メディア

　一方で、さまざまなデバイスを使い、情報を得るためのメディアも増えています。JPドメインの数を例に取ると、2013年10月1日現在で1,349,059のドメインが登録されています（日本レジストリサービス調べ）。10年間で2.2倍の成長です。PC、モバイル用共にサイトが増え続けていることを表しています。

JPドメインの登録数推移

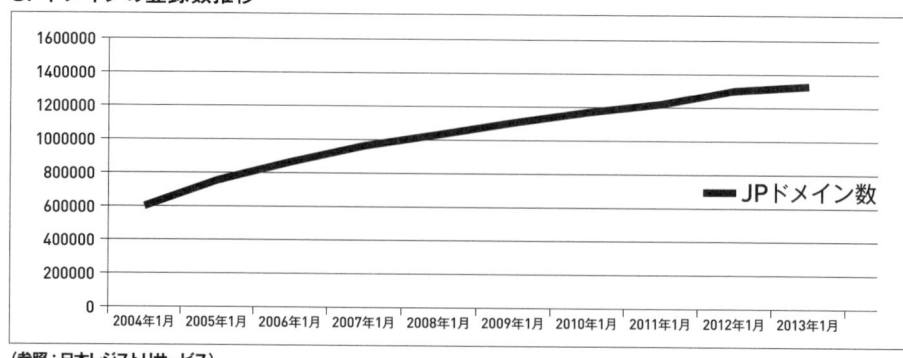

(参照：日本レジストリサービス)

▶ EC

また2012年度の国内EC市場は、前年度比15.9％増の約10兆2,000億円（野村総合研究所調べ）と本格的な成長を続けています。EC大手2社の出店数および流通規模の推移を見ても、生活者の選択肢が増え続けていることを示しています。

EC大手2社の出店数および流通規模の推移（各社発表より作成）

	2010年	2011年	2012年
楽天市場	37,173店	38,553店	40,735店
ヤフーショッピング	17,352店	20,290店	20,431店

	2010年	2011年	2012年
楽天市場	1,071兆円	1,254兆円	1,446兆円
ヤフーショッピング	2,752億円	2,955億円	3,082億円

（各社発表より作成）

▶ ソーシャルメディア

ここで、ソーシャルメディアにも目を向けてみましょう。Facebook社の2013年8月の公表データでは、日本のFacebookの月間アクティブユーザーが2,000万人を突破しています。特筆すべき点は、月間アクティブユーザーのうち約85％がモバイル経由でアクセスしており、そのうち72％の1,300万人が毎日利用しているという状況です。

Facebookの日本のアクティブユーザー数

項目	人数
月間アクティブユーザー	2,100万人
モバイルの月間アクティブユーザー	1,800万人
モバイルの1日あたりのアクティブユーザー	1,300万人
1日あたりのアクティブユーザー	1,400万人

(Facebook発表より作成)

　ユーザー数の爆発的な伸びを見せているLINEも同様です。2011年6月23日のサービス開始からたった2年5か月で3億ユーザーを突破しました。2億ユーザーを突破してから、わずか4か月で1億人のユーザーが増加するという凄まじい勢いです。多くの人にとってコミュニケーションの方法が変わっていることがわかります。2014年内の5億ユーザー突破を目指し、新サービスも予定しています。中でも2014年春に正式公開する予定のスマートフォンに特化したECサービス「LINE MALL」はEC業界も注目しています。

LINEユーザー数の推移

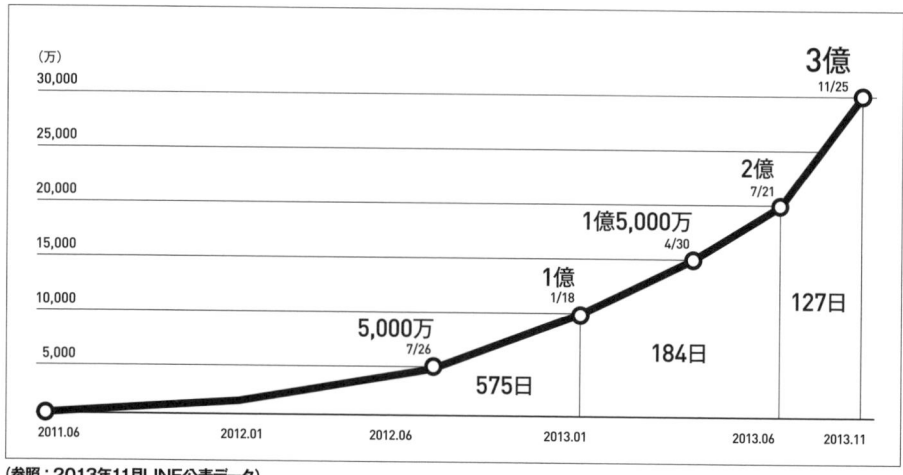

（参照：2013年11月LINE公表データ）

情報接触やコミュニケーションとしてのソーシャルネットワークサービスは進化し続けており、写真共有を中心としたPinterestや6秒動画を共有するVineなど新しいサービスが登場しています。さまざまなサービスの選択肢が増える中で、「ユーザーのいる場所」はさらに細分化していくものと考えておかしくないでしょう。「メディア・フラグメンテーション」「ユーザー（オーディエンス）・フラグメンテーション」という現象が今後も加速していくのではないでしょうか。

ECサイト運営企業が直面する課題

これまで触れてきたようにフラグメンテーションが進む中、ECサイトを運営する企業は大きな課題に直面しています。デバイスやメディアが増えたことで、「モノ」や「情報」への接触手段も多様化し、その結果としてECサイト運営企業は次のことを考える必要性が増してきました。

情報接触の多様化によりECサイト運営企業は全方位的な対策が必要に

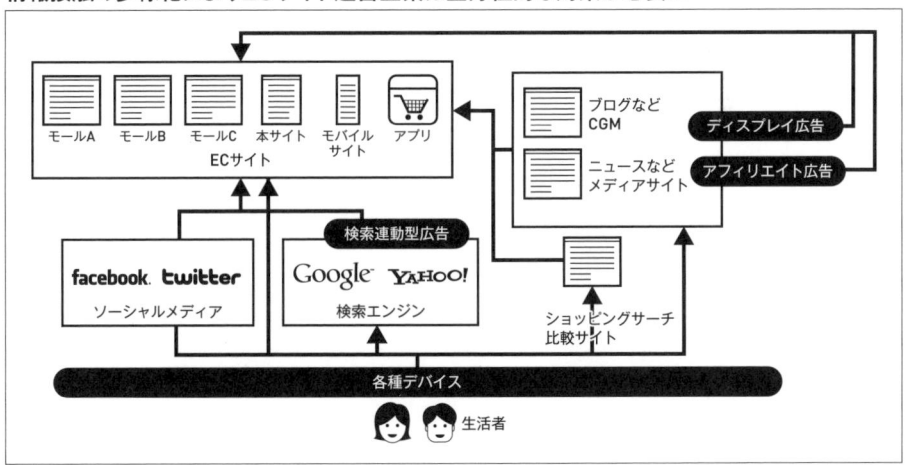

▶ 課題1：人力による出品の限界

　ECサイト運営企業の場合、フラグメンテーションが進んだことにより、商品を購入してくれそうな見込み客がさまざまなデバイスを活用し、ネット上のあらゆるサイトに点在してしまう状況が進んでいます。

　大多数のECサイト運営企業は見込み客を獲得するために、ショッピングエンジンや比較サイト、アフィリエイトサイトに商品情報を手動で登録しているのが現状です。それだけではなく、ネット広告においても商品情報をダイナミックに活用するようになりました（第4章3節で解説）。EC サイト運営企業は他社に見込み客を取られないように、最大限の網を張る必要がありますが、増え続ける施策全てに人力で対応するのは非現実的と言えるでしょう。

▶ 課題2：全ての商品やバリエーションでの勝負

　課題1で述べたように網を広げること自体も難しい状況ですが、規模が大きなECサイトになってくると、その商品点数やバリエーションは軽く何万、何十万という数になってきます。これらを複数のショッピングサイトに出品し、商品ごとに広告を出すとなると、人力で行うのは困難です。この場合、企業は一部の主要商品のみに限った取り組みをするようになります。

　しかし、この対応ではネットの特性であるロングテールを活かせているとは言えません。その状況では競争優位性を保つことができず、商品やバリエーション全てに対応できている競合他社に見込み客をみすみす取られてしまいます。

▶ 課題3：常に最新の情報鮮度を保つ

　出品する場所、商品点数の多さに加えて、業種によっては新しい商品や商品バリエーションも日々追加されます。また既存商品の価格や在庫も絶えず変動します。在庫切れの時は、販売プロモーションを停止しなければ無駄な広告費が発生します。また、広告や検索結果から

商品ページにユーザーが到達しても、商品が在庫切れと表示してあると、がっかりして二度とこのECサイトには来たくないと思うかもしれません。商品情報を常に最新を保つことができないと、実売はもちろん、イメージダウンなどさらに大きな影響を受けることにもなります。

情報更新の自動化を実現するデータフィード

▶ データフィードの概念

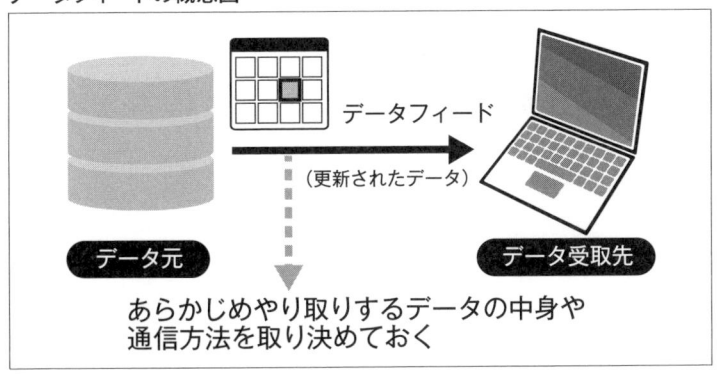

これらの課題を解決するため、あらゆる場所でスピーディーに、かつ最新の商品情報で効果的に見込み客にリーチするための自動化、効率化を実現する手段がデータフィードです。データフィードとは、「データ（Data）を供給する（Feed）」という意味です。端的に言うと、あるデータ元からデータ受取先へ更新されたデータを送受信する仕組みのことです。

データフィードの概念図

データフィードはこの概念の総称のことであり、実際にはRSSフィード、ニュースフィードなど、さまざまな種類のフィードがあります。ここでは企業の商品データベースに格納されている商品情報を、各種マーケティング施策で活用するための商品データフィード（マーチャントフィード）に着目して解説していきます。

データフィードの種類

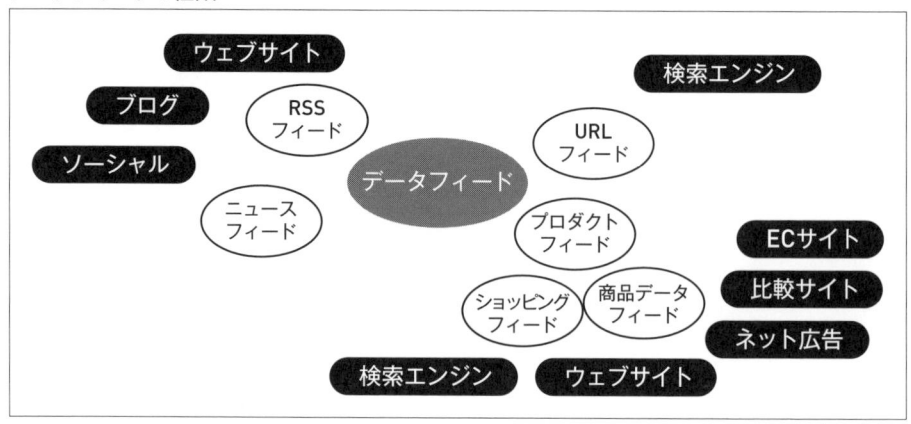

```
                    ウェブサイト                  検索エンジン
         ブログ        RSS
                     フィード         URL
         ソーシャル                   フィード
                              データフィード
                     ニュース
                     フィード        プロダクト
                                    フィード              ECサイト
                        ショッピング  商品データ           比較サイト
                         フィード     フィード
                                                      ネット広告
                    検索エンジン    ウェブサイト
```

　商品データフィードは、仕組みとしては簡単です。商品データベースから必要な商品データを自動抽出し、各施策での活用に適した形で登録するという仕組みです。どのような施策に活用できるかと言うと、自社ECサイト、ECプラットフォーム、検索連動型広告、ディスプレイ広告、アフィリエイト広告、ショッピングサーチ、比較サイトなどです。最近ではこの取り組みをデータフィード最適化（Data Feed Optimization／DFO）と呼ぶこともあります。

商品データフィードの仕組み

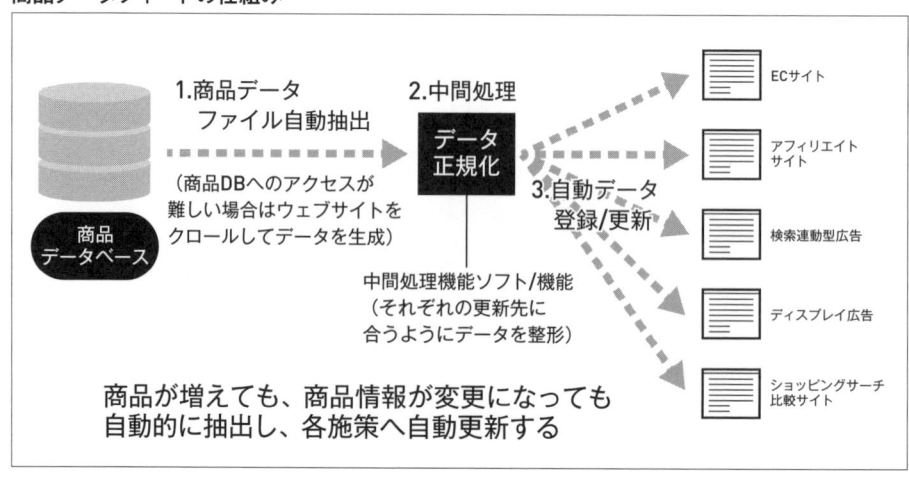

```
  商品             1.商品データ        2.中間処理              ECサイト
データベース        ファイル自動抽出      データ
                                       正規化               アフィリエイト
                  （商品DBへのアクセスが                        サイト
                   難しい場合はウェブサイトを    3.自動データ
                   クロールしてデータを生成）    登録/更新        検索連動型広告

                          中間処理機能ソフト/機能              ディスプレイ広告
                          （それぞれの更新先に
                           合うようにデータを整形）             ショッピングサーチ
                                                           比較サイト

  商品が増えても、商品情報が変更になっても
  自動的に抽出し、各施策へ自動更新する
```

▶ 商品データフィードの内容

では商品データフィードでは実際にどんなデータをやり取りするのかを見ていきましょう。次の図にあるように、商品データベースにある商品情報のうち、マーケティングで活用したいデータだけを抜き取り、定期的に出力します。具体的には商品名、商品説明、商品ジャンル、商品写真、価格、在庫数、色といった特徴などです。

商品データフィードの内容

商品データベースのデータ例

データ項目	例
商品ID	GP55555
商品名	goPhone 5
商品の説明	goPhone 5は今までで最も軽く、最も使いやすいgoPhone。革新的なユーザーインターフェースでデジタルライフを新しくします。
カテゴリー	スマートフォン
ウェブページURL	http://www.gophone.jp/gophone5/
画像のURL	http://www.gophone.jp/gophone5/pic.jpg
状態	New
在庫状況	5555
価格	5555
セール期間	20120601-20120630
ブランド	Gopple
対象性別	男性,女性
年齢層	10,20,30,40,50,60
色	ホワイト
送料	0

どの要素も色々な施策の商品説明や広告のデータとして活用できる

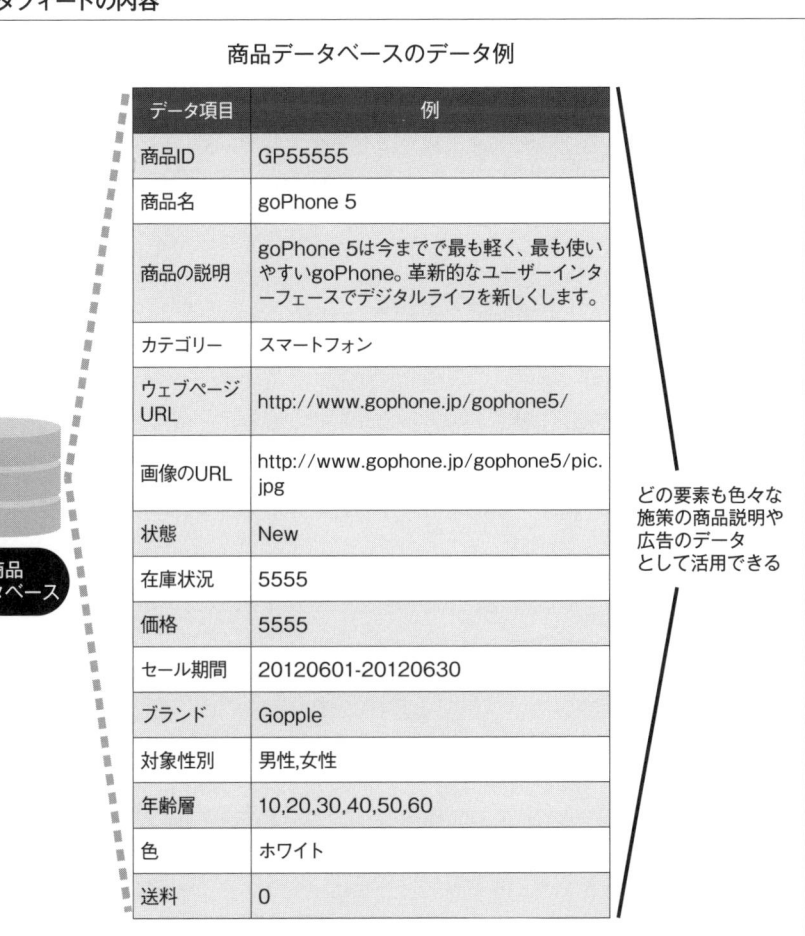

検索連動型広告などでは、商品名や商品ジャンルはキーワードの生成に使い、価格や色などは広告文への挿入に使います。在庫が0の場合は自動的に広告掲載を停止します。第4章3節で詳説する商品リスト広告などでは商品画像が大きな要素となります。Googleショッピングなどのショッピングサーチなどでは、説明文、商品カテゴリー、送料などが重要になってきます。

また、ファイル形式やファイルの送受信方式は特に決まっているわけではありません。ファイル形式はCSVやExcel、XMLであることが多いです。送受信方式はFTP、SFTP、SCP、メール送受信などになりますが、要はデータ元とデータ受取先との取り決めの問題なので、それがきちんとできていれば何でもよいというのが実際のところです。ポイントは、重要なデータを扱うのでセキュリティ面には十分に配慮しつつ、ファイルのやり取りやその後の処理を考えてシンプルにしておくことです。

▶ 商品データフィード構築上の注意点

ところで多くの場合、商品データベースはマーケティングなどで外部利用することを想定して設計されていません。つまり、そのままでは商品データフィードで使うことはできないことがあります。そのような場合は、データを抽出、整形、変換するなど中間処理を行い、データを正規化します。

データ正規化のための中間処理の例

1. 商品名が長過ぎる
例：超薄型ノートブックパーソナルコンピューター ultralite PC gobook 　　抽出→ultralite PC gobook

2. データ更新先のデータ仕様に合わせる必要がある
例：GoogleショッピングにはGoogle商品カテゴリーというフィールドがある 　　商品DBの商品カテゴリー「本」 　　→Google商品カテゴリー「メディア>書籍」に変換処理

▶ 商品データベース設計時に考慮すべき3つのポイント

また、中間処理をかけても解決できないケースもあります。つまり商品データフィード自体を想定した形でデータベースの活用ができず、商品データフィードの利点を活かせないのです。今後の理想としては、あらかじめマーケティングでのデータ活用を想定した商品データベースの設計をしておくことが肝心でしょう。

1. Googleショッピングなど、すでにある商品データフィードの仕様を商品データベースのデータ構造の参考にする
2. 商品情報は属性を細かく指定したほうが有用性は高い
3. データを外部出力しやすいシステムにしておく

そして先にも少し触れましたが、データベースの構築や商品データフィードの出力に関しては、大きな組織になるほどIT関連の部門の協力が必要になります。その理由としては、IT関連部門が商品データベースのシステムを管理するケースが多いからです。

実際にこの部門の協力を得られないために、商品データフィードのプロジェクトがうまくいかないことが多い実情があります。広告・マーケティング担当者は、IT関連部門に対して、商品データフィードを利用するにあたり、その内容、目的、ゴール、メリット、リスクなどをきちんと説明し、サポートをしてもらうことが必須です。

▶ 商品データフィードの活用が適している業種

商品データフィードの活用が適している業種としては、以下が挙げられます。具体的には、ECサイト・モール、不動産、本、音楽、DVD、人材、中古車販売といった業種などです。

> 1. 商品点数が多い業種
>   →取り扱う商品点数が多い、バリエーション（色、素材、柄、サイズなど）が多い
>
> 2. 商品の情報性が高い業種
>   →商品のライフサイクルが短い、価格、在庫の変動が激しい
>   →キャンペーン、セール、特典、特別オファーなどの種類が多く、更新頻度が高い

　また、日本でも商品データフィード最適化サービスのプロバイダーも現れてきています。フィードフォースの「DF Plus」、TAGGY／オプトの「Multi Channel Publisher（MCP）」、ビカムの「Become FeedCreator（BFC）」、コマースリンクの「DFOプレミアム／DFOマネージャー」、ビジネスサーチテクノロジの「probo DF」などです。

　商品データフィードの出力さえできれば、後はこれらのサービスを活用することで、データ回収、データ整形・中間処理、各種マーケティング施策へのデータ配信まで実行することができます。

商品データフィード最適化サービス選定の際に考慮すべき3つのポイント

> 1. 対応マーケティング施策の多さ
> 2. データ整形・中間処理対応の柔軟性
> 3. 価格

第4章：データドリブン

商品リスト広告

データフィードの中でも、ECサイトで最も利用されているのが商品データフィード（マーチャントフィード）です。近年、この商品データフィードを活用したマーケティング手法が注目を浴びており、その中心となっているのがGoogleが提供する「商品リスト広告」です。

商品リスト広告

　商品リスト広告（Product Listing Ads／PLA）は、商品の画像、名称、価格、企業名などの情報をGoogleの検索結果に表示することができる広告フォーマットです。2012年6月に日本で正式公開されてからわずか1年足らずで、ECサイトの検索連動型広告では非常に優先順位の高い施策として認知されるようになりました。販売促進に検索連動型広告を活用している企業であれば、一度は検討したことがあるのではないでしょうか。

　商品リスト広告が急速に普及している要因として、その効果の良さが考えられます。検索している商品の情報を画像や価格情報を付加した状態でユーザーに伝えることができるからです。つまり、通常のテキスト広告と比較して情報量が多く、結果として高いクリック率やコンバージョン率を出すことができるのです。

画像付きで表示される商品リスト広告

米国ではすでに必須対策に

　日本に先駆けて2011年に商品リスト広告がスタートした米国では、ECサイト運営企業にとって商品リスト広告はすでに必須の施策になっています。商品データフィード最適化を提供する代理店であるCPC Strategyが2013年の5月に発表した資料によれば、2013年の第一四半期（1-3月）の商品リスト広告の利用額は、その前のクリスマス需要で盛り上がる2012年第四四半期（10-12月）から倍増しているという結果が出ています。このことから、季節要因に関係なく商品リスト広告自体の利用が一層進んでいることがわかります。

商品リスト広告の劇的な伸び

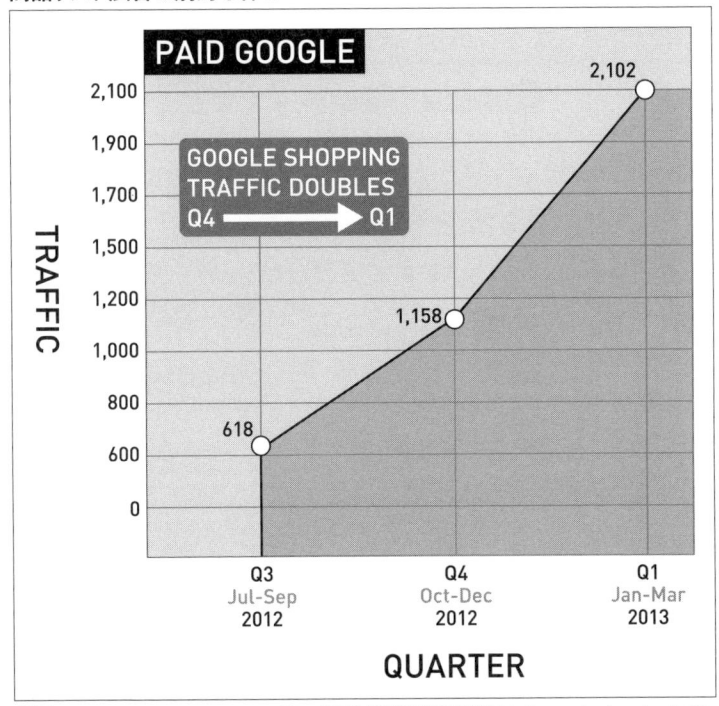

```
PAID GOOGLE
GOOGLE SHOPPING TRAFFIC DOUBLES
Q4 → Q1

Q3 Jul-Sep 2012: 618
Q4 Oct-Dec 2012: 1,158
Q1 Jan-Mar 2013: 2,102
```

(参照：http://www.cpcstrategy.com/blog/2013/05/%EF%BB%BFstudy-google-shopping-traffic-doubles-after-christmas/)

　GoogleはこれまでAdWords側の広告表示オプションで利用可能だった「商品情報表示オプション」を終了し、商品リスト広告へ統一することを発表しています。今後は、商品情報を活用した広告は商品リスト広告を中心にリリースされることが予想されるため、検索連動型広告を利用するECサイト運営企業にとって、商品リスト広告は今まで以上に必須な手法になっていくと考えられます。

　実際に、商品リスト広告の利用社数の増加にともない、製品の仕様も毎月のように進化を続けています。2013年3月にはスマートフォンへの配信がスタートしたほか、2013年4月には商品リスト広告を掲出するために必要なGoogleマーチャントセンターの必須項目が追加され、11月からは商品リスト広告にGoogle+の情報が表示されることが発表されるなど、矢継ぎ早に新しい機能が追加されています。

Google＋の情報が表示された商品リスト広告

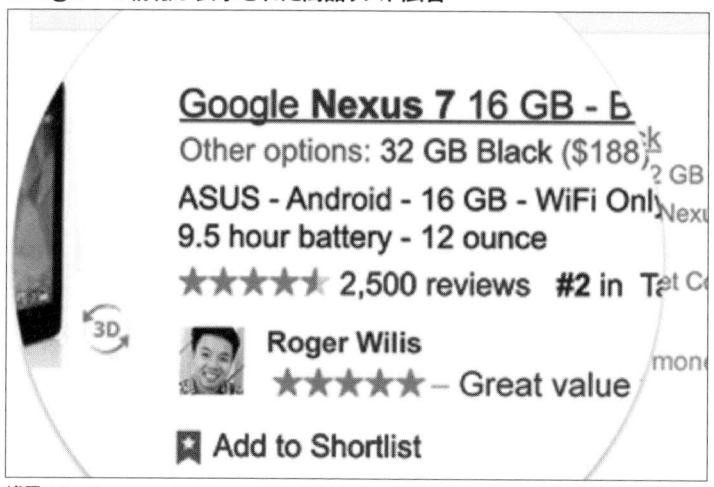

> Google Nexus 7 16 GB - B
> Other options: 32 GB Black ($188)
> ASUS - Android - 16 GB - WiFi Only
> 9.5 hour battery - 12 ounce
> ★★★★ 2,500 reviews #2 in T
> Roger Wilis
> ★★★★★ - Great value
> Add to Shortlist

（参照：http://www.cpcstrategy.com/blog/2013/10/google-news-your-face-could-be-featured-on-plas/）

商品リスト広告の仕組み

　商品リスト広告は、Googleのマーチャントセンターに登録された情報をもとに、自動的に広告が生成される仕組みになっています。つまり、検索結果の表示順位に関わるオークションは通常のAdWordsとは区別されています。これまでのAdWordsの検索連動型広告と同様に、ユーザーの検索したキーワード（検索クエリ）に連動して検索結果に表示されるものの、Googleのマーチャントセンターに商品情報が正確に登録されていれば、個別のキーワードや広告を作成する手間をかけずに、登録された商品を広告することができます。

　AdWordsと紐付いたGoogleマーチャントセンターのデータは、プロダクトフィルタ（商品フィルタ）を活用すれば商品情報の掲載可否がコントロールできます。加えて、後述するAdWords側で商品ターゲットを指定することによって、商品情報とAdWords側の広告グループを紐付けて個別に入札価格も変更できるなど、検索連動型広告と同様に運用することが可能です。

商品リスト広告を始めるには、AdWordsアカウントと Googleマーチャントセンターアカウントの2つが必要です。広告の設定や支払いについてはAdWordsで、ターゲットとなる商品情報はGoogleマーチャントセンターで管理します。

Googleマーチャントセンター

(参照：http://www.google.com/merchants/)

　　商品リスト広告では、Googleマーチャントセンターの情報がターゲティングや広告表示に使われるため、まずはこのマーチャントセンターへの登録がスタートとなります。マーチャントセンターへ登録するデータ形式はテキスト（.txt）と XML（.xml）の2種類がサポートされています。小規模なECサイトで頻繁な更新がない場合は .txt 形式、大規模で頻繁に商品情報が更新される場合は.xml形式がおすすめです。

　　商品データに必要な項目は、業種や販売している商品によって異なります。Googleマーチャントセンターへの登録や実際に登録するデータのサンプルは、Googleが用意しているヘルプや、Googleが運営しているサイト「AdWords ビジュアルナビ」に詳しい説明がありますので、ぜひそちらを参考にしてみてください。

> Merchant Center ヘルプ
> https://support.google.com/merchants/?hl=ja#topic=3404818
>
> Merchant Center 登録ガイド（AdWords ビジュアルナビ）
> https://sites.google.com/site/adwvisualnavi/googleshopping

▶ 商品リスト広告の出稿

　Googleマーチャントセンターへの登録が完了したら、次のステップとしてAdWordsアカウントとマーチャントセンターをリンクする作業に入ります。

AdWordsとマーチャントセンターのリンク手順

```
マーチャントセンターで、リンクするAdWordsアカウントを指定
            ↓
AdWordsで、商品リスト広告専用のキャンペーンを作成
            ↓
商品リスト広告のキャンペーンより、リンクするマーチャントセンターアカウントを指定
            ↓
商品リスト広告内の広告グループで、商品リスト広告のプロモーションテキストなどを作成し、
商品ターゲットで表示する商品データの範囲を指定
            ↓
掲載確認後は、データフィードを活用してマーチャントセンターで商品情報を管理
```

商品リスト広告の問題点

　商品リスト広告は効果が高いと言われている一方で、十分に活用で

きている企業はまだ少ない状況です。効果は出ているものの、インプレッションが出なかったり、出ていても十分なボリュームを確保できないといった声も多く聞きます。商品のフィード情報から自動的にオークションに参加する検索クエリが紐付けられており、広告表示は自動化されているとはいえ、AdWordsと同じような感覚で商品リスト広告の運用を考えていると失敗につながります。

　通常、"検索連動型広告を最適化する"という場合、それは「キャンペーンや広告グループの構成の見直し」「キーワードの追加変更」「広告文の変更」「リンク先の変更や改善」「予算配分の調整」「入札方針の変更」などを指します。AdWords側では「予算配分の調整」「入札方針の変更」が主な役割となる一方で、商品リスト広告の場合、このうちの「キャンペーンや広告グループの構成の見直し」「キーワードの追加変更」「広告文の変更」「リンク先の変更や改善」がマーチャントセンター側の設定と非常に関係が深いのです。

　検索連動型広告でも、キャンペーンや広告グループの設計がしっかりしていないと予算配分や入札の調整が難しくなるのと同様に、商品リスト広告でもGoogleマーチャントセンターへの設定が実際の運用にも密接に関わってきます。

商品ターゲットの設定

　AdWordsとマーチャントセンターをリンクしたら、AdWords側のキャンペーンや広告グループが商品情報のどの部分をターゲットにするのかを指定するために、「商品ターゲット」を設定します。これはとても重要なステップです。商品リスト広告にはキーワードが存在せず、マーチャントセンター内のデータをターゲットとして参照するため、この「商品ターゲット」をAdWords側で指定することで、広告グループ側で入札したい商品情報を特定させることができます。

product_type (商品の種類)	ショップ側で独自に決められる商品のカテゴリー
brand	マーチャントセンターで指定された商品のブランド
condition	商品の状態 例：new（新品）、used（中古品）、refurbished（再生品）
adwords_grouping	カスタムで定義される商品のグループで、1つの商品につき1つの値のみ指定可能。例えば季節、メーカー、製造年度、モデルなど、独自に分類したグループに分けられる
adwords_labels	「adwords_grouping」と同じだが、複数の値を指定できるため、複数の分類でターゲットを絞り込むことができる

AdWords側で行う商品ターゲット（2013年10月時点）

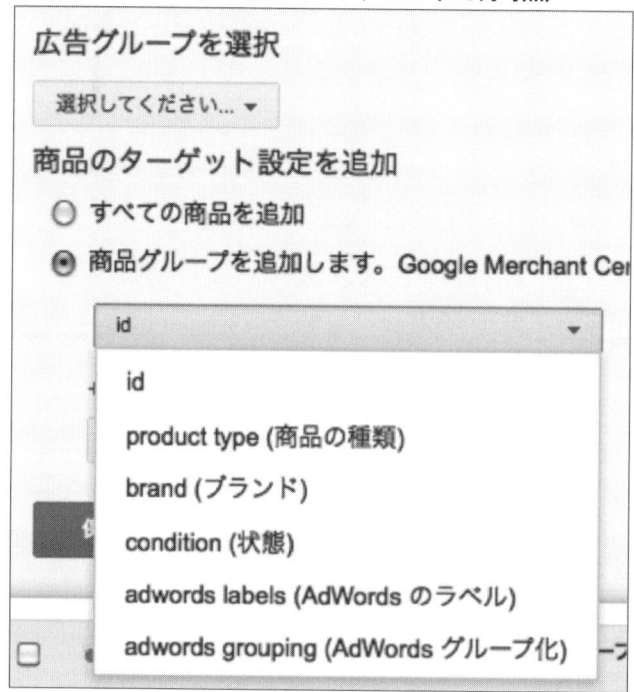

広告グループを選択

選択してください... ▼

商品のターゲット設定を追加

○ すべての商品を追加

● 商品グループを追加します。Google Merchant Cer

id ▼

- id
- product type (商品の種類)
- brand (ブランド)
- condition (状態)
- adwords labels (AdWords のラベル)
- adwords grouping (AdWords グループ化)

ここで、「AdWordsの商品リスト広告キャンペーンでの商品ターゲット」と「Googleマーチャントセンター」の関係を、次の図で考えてみましょう。

AdWordsとマーチャントセンターの関係図

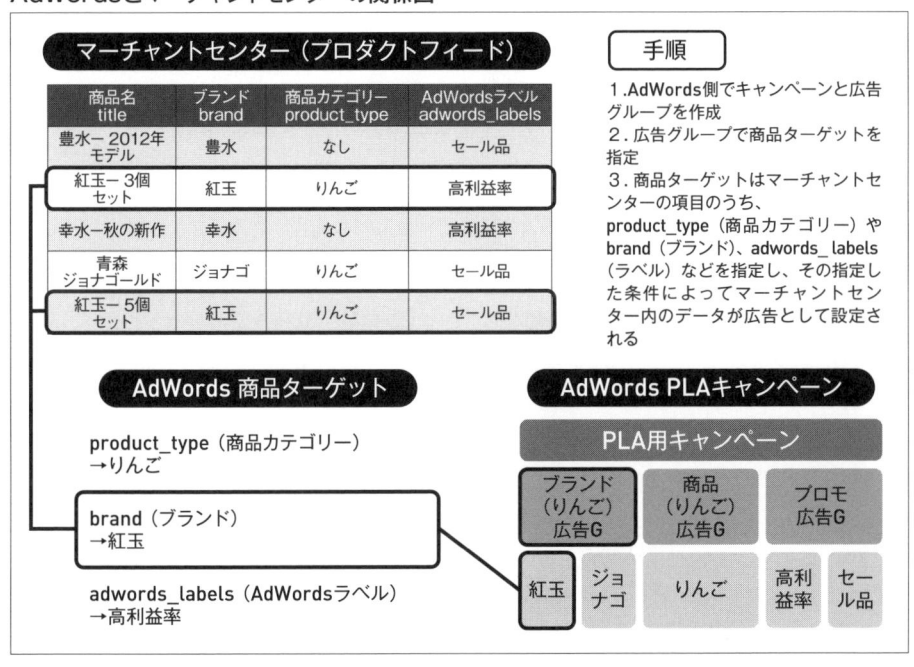

マーチャントセンター（プロダクトフィード）				手順
商品名 title	ブランド brand	商品カテゴリー product_type	AdWordsラベル adwords_labels	1.AdWords側でキャンペーンと広告グループを作成
豊水ー2012年モデル	豊水	なし	セール品	2．広告グループで商品ターゲットを指定
紅玉ー3個セット	紅玉	りんご	高利益率	3．商品ターゲットはマーチャントセンターの項目のうち、product_type（商品カテゴリー）やbrand（ブランド）、adwords_labels（ラベル）などを指定し、その指定した条件によってマーチャントセンター内のデータが広告として設定される
幸水ー秋の新作	幸水	なし	高利益率	
青森ジョナゴールド	ジョナゴ	りんご	セール品	
紅玉ー5個セット	紅玉	りんご	セール品	

AdWords 商品ターゲット

product_type（商品カテゴリー）
→りんご

brand（ブランド）
→紅玉

adwords_labels（AdWordsラベル）
→高利益率

AdWords PLAキャンペーン

PLA用キャンペーン

ブランド（りんご）広告G	商品（りんご）広告G	プロモ広告G
紅玉	ジョナゴ	りんご	高利益率	セール品

上の図では、青果店のECサイトをイメージしています。例えば、商品リスト広告でブランド紅玉（りんご）を表示させたい場合、まず商品リスト広告のキャンペーンの中にブランド用の広告グループを作ります。

続いて、広告グループで商品ターゲットを設定します。この場合はブランド紅玉を指定したいので、ターゲットをブランド（brand）とし、マーチャントセンターに登録してある名称と同じもの（この場合は「紅玉」）を設定します。

設定に問題がなければ、マーチャントセンター内のブランドに登録して「紅玉」という条件と一致するので、黒線の枠で囲ったデータがこの

広告グループでの商品リスト広告表示対象になります。入札などの調整はAdWordsの「紅玉」広告グループで調整することができます。

商品リスト広告の最適化

　商品リスト広告の成功のカギとなるのはAdWords側の設定以上に、Googleマーチャントセンター側の設定です。マーチャントセンター内のデータには広告のターゲティングのもとになる情報やリンク先ページの情報など、商品リスト広告の成否のほとんどを握る情報が詰め込まれており、このデータを商品リスト広告向けに最適化することによって、ユーザーに適切な広告を表示させることができるのです。それが結果的に、広告の費用対効果の向上にも結びつきます。

　マーチャントセンターに登録するデータの中でも、特に重要だと考えられるのが以下の項目です。

▶ 商品カテゴリー[product_type]

　商品カテゴリーはその商品IDが商品構成ツリーのどこに当てはまるのかを記載するものです。この項目はターゲティングに関わる重要な項目の1つであり、慎重な選択が求められます。検索連動型広告やSEOのキーワードリサーチと似ているかもしれません。正確に商品のカテゴリーを記載するのはもちろんですが、商品を表す言葉の検索数と競合性を考えながら、適切な言葉を入力することが必要です。

　例えば、女性向けのアパレルを扱うECサイトであれば、「レディース　ファッション」「レディース　アパレル」「女性　ファッション」「女性　アパレル」のどれが検索数が多く競合性が低いのか、AdWordsのキーワードツールなどを利用して判断します。

▶ 商品名[title]と商品説明[description]

　商品名（タイトル）と商品説明は非常に重要です。まずタイトルですが、これは検索連動型広告のタイトル文と同様に、商品リスト広告

でもアンカーテキストとして利用される項目です。つまり、検索クエリとなるべく同じになるようなキーワードを含める必要があります。

「半袖 チェックシャツ」のGoogleショッピング検索結果事例

例えば「半袖 チェックシャツ」という検索クエリに対して、いくつかの広告はテキスト部分が強調表示されています。商品リスト広告では検索連動型広告と違い説明文が検索結果に表示されません。だからこそ、ユーザーが視認できるテキスト情報としてのタイトルの重要性は非常に高く、キーワードを適切に入力することが必須となるのです。

タイトルの文字数は半角で70字ですが、実際には長すぎる部分は表示上カットされてしまうため、なるべく冒頭に重要なキーワードを入力することが大事です。検索数の多い言葉や固定ファンの多いブランドであればブランド名を、ブランドではなく用途や機能が重要であればそれがわかるキーワードを冒頭に記載します。

続いては説明文です。これはGoogleショッピングの検索結果には表示されるものの、商品リスト広告では表示されません。そのため、必ずしも冒頭にキーワードを入れる必要はなく、商品の特性を表した適切なキーワード・キーフレーズを入力します。

多くのECサイトでは商品点数が多く、説明文を個別商品ごとにマニュアルで入力していくのは難しいでしょう。商品データフィードの作り方にもよりますが、通常は商品データベースやECサイトの商品説明をそのまま転用するケースが多いと思います。普段から検索数やユーザーの求める情報を適切に表現したライティングを心がけていくことが結果的に商品リスト広告の最適化にもつながります。

▶ 商品リンク[link]と商品画像リンク[image_link]

画像はタイトルと並んで商品リスト広告における最重要項目です。検索クエリと正確にマッチングする画像を指定するのはもちろんのこと、特に商品リスト広告がモバイルに表示されるようになってからは画像がこれまで以上に重要視されてきますので、小さな画面でも判別できるように、少しでも商品のイメージがわかりやすい画像を指定することが求められます。

また画像のインパクトだけでなく、リンク先URLとの整合性も重要です。商品リスト広告では検索結果に画像が出るため、ユーザーはリンク先のページのイメージを既にある程度持っている状態でクリックします。そこでECサイトのリンク先URLで使われている画像と商品リスト広告での商品画像が違ってしまうと、直帰率が上がってしまいます。

▶ 在庫状況[availability]と価格[price]

在庫状況や価格をリンク先のECサイトと同期させておくことは、非常に大事です。商品リスト広告に記載してある価格とリンク先のサイトに記載している価格が違っていたり、在庫切れ商品が多かったりすると、直帰率やコンバージョン率などの指標以前に大幅にユーザー

エクスペリエンスを損なうことになります。

　そのような事態を避けるためには、自社の商品データベースの更新と商品データフィードの更新を同期することが必要です。もし1日に何度も商品の更新があるような場合はContent API for Shoppingの仕様に目を通し、自動化システムの構築やデータフィード最適化ソリューションを採用することも視野に入れる必要があるでしょう。

商品リスト広告の最適化にはデータフィード最適化が必須

　企業にとって、Googleのマーチャントセンターに送るデータだけを特別に管理することは難しいでしょう。そもそもマーチャントセンターへ送るデータには、そのもとになる商品データベースが必須です。企業の商品データベースの仕様を、それとは異なるGoogleマーチャントセンターの項目に合わせるために、専用のフィード構築を行う必要があります。ECサイトの多くは商品の種類が多岐にわたり、日々在庫の数や価格、新商品の追加などの変動が行われています。商品データベースの更新だけでなく、それを外部システムであるマーチャントセンター用に整形しリアルタイムに更新していくのは、商品点数が少ない企業を除いて、ある程度自動化しない限り継続することは難しいと考えられます。

　これらは米国で一般的なデータフィードサービスが対応しているショッピングサイトの一覧です。さらにこれらにアフィリエイトなども加えていくと、手動で管理するのが厳しいことが想像できるでしょう。

そのため、第4章2節で説明したように、中間処理を行うシステムの構築や、自動的に各外部システムに対応したフィードを管理する中間処理サービスを活用することが、商品リスト広告の最適化にも必須になりつつあります。

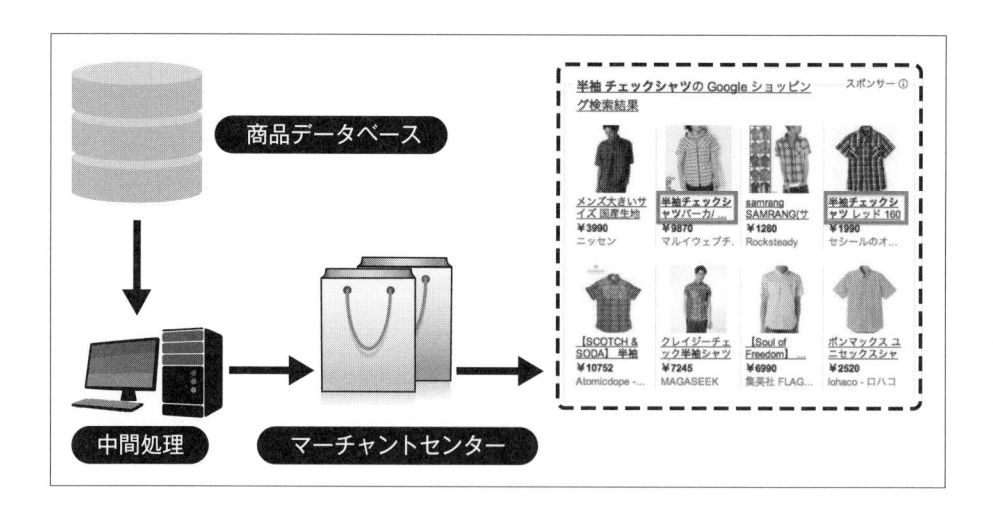

商品リスト広告のボリュームを増やし、費用対効果を高めていくためには、このようなデータフィード最適化ソリューションを活用しながら、AdWordsのキャンペーン設計をうまく連動させて運用していく仕組みを構築することが求められます。

商品データフィードを活用したその他の広告

　商品リスト広告は検索結果に表示される広告ですが、商品データフィードを活用した広告はリターゲティング広告でも顕著です。数あるリターゲティング広告の中でも、ここ最近で最もブレイクを果たしたCriteoは、ECサイト運営企業を中心にサイト内の商品閲覧履歴や興味関心をもとに分割されたユーザーリストに対して、パーソナライズされた広告（いわゆるレコメンドバナー）をリターゲティングで表示させることによってROIをさらに引き上げる手法をとっています。

　また、GoogleでもDynamic Display Ads（動的ディスプレイ広告／GDN）を利用することで、ディスプレイ広告でも商品リスト広告と同様に商品データフィードを広告に利用することができます。これは、Googleのリターゲティング広告であるリマーケティングとGoogleのマーチャントセンターのフィードを連携させて、サイト内のリターゲティングタグに個別の商品IDを紐付けることによってGDN上にレコメンドバナーを実装するサービスです。

　このように、商品データフィードを広告に活用する手法はますます増えていくことが予想されます。純粋なネット広告と比べると考慮すべき範囲が多く、とっつきにくい印象もありますが、商品リスト広告だけに限らず、今後も商品フィード情報を利用したプロモーション手法は発展していくと考えられます。ECサイト運営企業にとっては、商品情報の管理が今後のプロモーションにおいて重要な項目であることは間違いないでしょう。

> ※本書の内容は2014年2月時点での情報をもとに執筆しております。2014年12月時点における商品リスト広告に関する最新情報は、MarkeZineの連載「Eコマース・小売だけじゃない！他業種やオフラインへ広がるデータフィード広告の活用」(http://markezine.jp/article/corner/542) で掲載しておりますので、併せてご確認ください。

第4章：データドリブン

データドリブン時代の到来

経験と感性に基づくマーケティングから、データをもとに仮説立てを行い、PDCAを回していくマーケティング時代へと変化しています。デジタル時代のマーケター・広告人には、データをもとにロジカルに判断する左脳的思考と感性でデータを読み解く右脳的思考の双方が求められます。

「組織の統合」と「データの統合」

ここ近年でデータドリブン[*1]なマーケティング（データマーケティング）の重要性はますます高まっていますが、それを実施するためには従来型の組織では難しいと言われています。その理由は、あらゆるデータを統合するためには組織横断的なポジションが必須であり、縦割りの日本企業では組織のあり方自体に原因があるからです。

海外企業ではCMO（Chief Marketing Officer：最高マーケティング責任者）が存在し権限を握っていることもあり、その実現が可能となっています。一方で、日本企業にはCMOやそれに類似する権限を持つ役職はほとんど存在しません。

多くのマーケターはマーケティングのPromotionの部分のみを担っていますが、本来はPrice（価格）／Product（商品・サービス）／Place（流通チャネル）も統合することでより大きなインパクトを事業に与えることができます。ゆくゆくはGoogle Glassなどのウェアラブルデバイスが浸透し、より多くのユーザーのデータを扱えるようになると、PromotionだけでなくPrice／Product／Placeまで一貫してマーケターが担うことになるかもしれません。

このように将来的にデータが統合することで、リアルタイムでユー

[*1] データドリブンとは、効果測定などで得られたデータをもとに、次のアクションを起こしていくこと。

ザーに最適なオファーを提供するようなマーケティングが可能になります。そのためにもデータを統合して活用できる横断した組織のあり方やCMOの存在が重要となります。

データを統合・分析することで指針が見えてくる

　広告領域のデータでは、各メディアのクリック数やオンライン上のコンバージョン数がわかります。これにサイトの流入データやソーシャルデータ、オフラインのPOSデータ、テレビCMの出稿状況などを組み合わせていくことで、データの上流と下流がわかるようになります。

　例えばテレビCMへの出稿を行うことでサイトの訪問数が増加する場合は、テレビCMへの広告出稿が上流となり、下流はサイトへユーザーが流れてくるということです。ユーザーは企業とテレビやネット、店舗などあらゆるチャネルで接触しています。だからこそ、あらゆるチャネルのデータを統合することで、データの上流下流を明らかにして、どこがボトルネック（問題点）なのかを発見することができます。

　このようにさまざまなデータを統合するために、DMP（第4章1節で解説）という仕組みが注目されています。これまで広告効果測定やサイト内のユーザーの動きを追うために活用されていたアクセス解析ツールとは異なり、DMPではユーザーを基点としたデータを持つことが可能になります。

　例えばアクセス解析ツールでは、サイトのトップページに何人のユーザーが訪れたのかを知ることができますが、そのユーザーたちがどんな人なのかはわかりません。それがDMPにデータを蓄積することで、他のデータとの関連性を見出すことができるようになります。そして蓄積したデータを統合し分析することで、未来を見据えた進むべき方向が明らかになるのです。

データから将来を予測し、未来を変えていく

　データは蓄積するだけでなく、可視化することで意味を持ちます。組織全体で同じデータを共有して結果を評価し、それをもとに未来を予測するのは天気予報にも似ています。

　天気予報と違う点は、結果に備えるだけでなく、結果を変えられることです。どの指標が結果に影響するのかを判断し、その数値を向上させる施策を繰り返すことで未来を変えていくのです。それぞれのデータの関連性を明らかにして統合した全体像は、組織の意識を統一するためのダッシュボードになるでしょう。

　どのデータを信じ、どのようなKPIを設定するかという点においては、ロジカルな思考だけでなく、マーケターのアーティストのような直感も重要です。経験と勘に頼る従来のマーケターとの大きな違いは、その直感が正しいか否かを数値として確認し、改善を繰り返すことができる点です。

ワンソース・マルチユースは時代にそぐわない

　ただ、ロジカルに数値だけを見ていると、主な改善の対象はチャネルの最適化になりがちです。ここで忘れないでほしいのは、実際に生活者のもとへ届くのはクリエイティブに他ならないということです。テレビCM、ディスプレイ広告、交通広告など全ての企業からのメッセージはクリエイティブとともに生活者へ届きます。つまり、どのチャネルがよいかという判断は、現時点でのクリエイティブの評価が前提になっているということです。

　もちろんチャネルごとに生活者のメディア接触態度も異なります。ワンソース・マルチユース（1つの情報を複数のチャネルへ展開する）という考え方もありますが、データマーケティング時代においてはそれが必ずしも正しいとは言えないでしょう。

チャネルごと最適なクリエイティブを開発・発見し、生活者へ届けることができるようになった今日、クリエイティブの開発はますます重要度を増しています。海外の広告代理店は、メディアの買い付けよりもクリエイティブの開発に力を入れています。そして企業もコピーライティングの内製化などに取り組んでいます。クリエイティブの改善こそが生活者の反応を変える重要な一手となります。

フラグメンテーションの課題

今日、データマーケティングに取り組む企業が徐々に増えています。一方で、生活者と企業の間にはさまざまなメディアやデバイスが介在し、生活者の趣味嗜好は多様化し、データはバラバラに分断されています。このようなフラグメンテーション（Fragmentation／断片化）した状態を解決するために、各チャネルやクリエイティブを適正評価する取り組みがあり、それがアトリビューション（第5章で解説）という貢献度評価につながっていきます。

第5章

アトリビューション

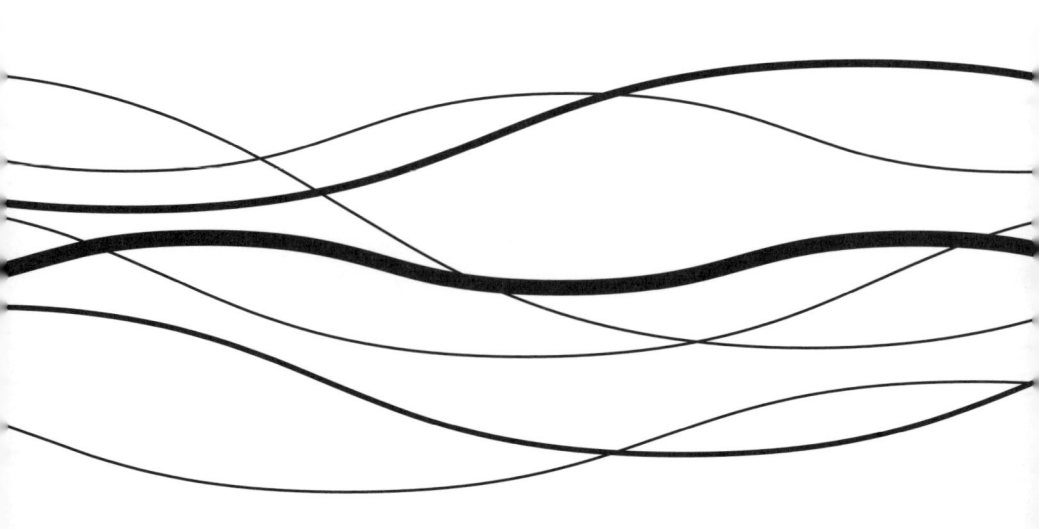

昨今、「アトリビューション」というキーワードに注目が集まっています。これはネット広告業界だけでなく、マス広告領域にも深くかかわってきます。この章では、アトリビューションの概念と歴史、そしてオンラインアトリビューション、オフラインアトリビューションについて解説していきます。

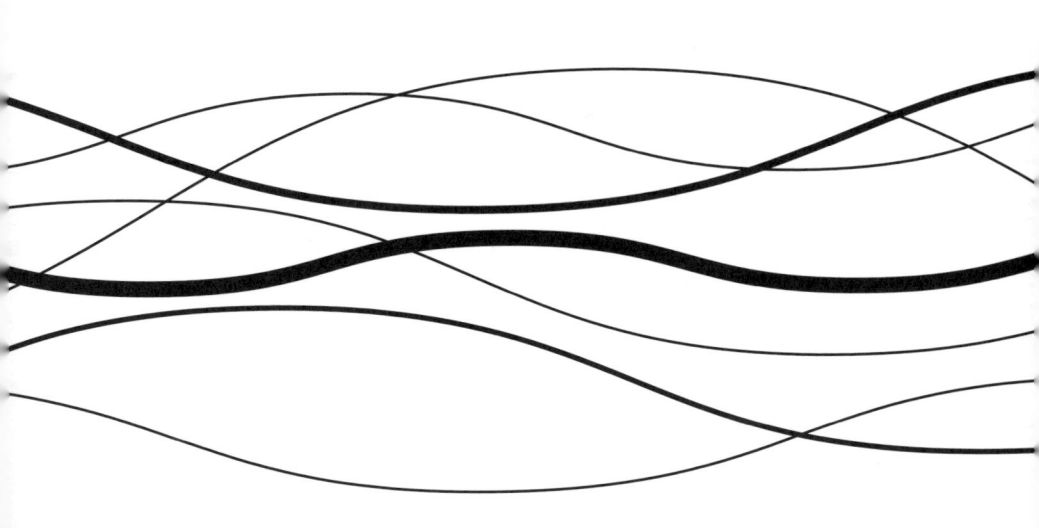

第5章:アトリビューション

アトリビューションの概念

広告業界において、アトリビューションとは広告効果測定のことを意味しますが、それはネット広告領域に限る話ではありません。まずはアトリビューションが注目されている背景を押さえましょう。

アトリビューションとは、効果測定のこと

「アトリビューション」という言葉を耳にしたことはありますか。広告業界において、アトリビューションとは広告効果測定のことです。第2章2節でネット広告の効果測定について触れましたが、それとは少し異なり、アトリビューションは決してネット広告領域に限る話ではありません。

アトリビューションは、英語では「Attribution」と綴り、辞書をひくと「属性、帰属」という訳語が出てきます。欧米のネット広告業界の文献には「Conversion Attribution」という言葉があり、私はそれを「コンバージョンへの貢献度」と訳しています。つまり、出稿媒体やクリエイティブ、キーワードなどのコンバージョンへの貢献度を数値で表し、それぞれの広告効果を測定しようということです。

ネット広告やオンラインの施策(SEMやSNS、メールマーケティングなど)のみを対象にしたものをオンラインアトリビューション、一方でマス広告や交通広告、DMやチラシなども対象にしたものをオフラインアトリビューションと呼ぶことがあります。広告はオンラインとオフラインの両方がありますので、アトリビューション(広告効果測定)のカバー範囲もその全ての領域に及びます。

またネット上のコンバージョンだけを扱うわけではなく、店舗での

購入（コンバージョン）なども対象にして広告の貢献度を数値であらわすことも含みます。少し厳密に言うと、広告以外のマーケティング施策も含んでいますので、マーケティングのコンバージョンへの貢献度、あるいはビジネス目標への貢献度を数値化する試みとも言えるでしょう。

アトリビューションが注目されている理由

　アトリビューション、言い換えると広告効果測定自体はもちろん昔から行われていましたが、なぜ今になってアトリビューションが注目されているのでしょうか。

　その背景として、私が最も大事な要因だと考えているのは「広告が効かなくなった」ことだと思います。「昔と比べて、広告を投下してもモノが売れなくなった」と感じている人が増えたと言ったほうが正しいかもしれません。

　次に、技術の進歩が挙げられます。ネットやPOSシステムなどの技術の進歩によって、広告効果の測定に必要なさまざまなデータが取得できるようになりました。また、高度な統計解析ソフトウェアが安く容易に使えるようになり、実務レベルで広告効果測定ができるようになりました。

　第2章2節で広告効果測定とマーケティング・マネジメントについて触れましたが、日々のオペレーションレベルで「マーケティングをマネジメント」できる環境が技術の進歩によって整ってきたため、ますますアトリビューション（広告効果測定）に注目が集まっているとも言えるでしょう。

アトリビューションの歴史

アクセス解析ツールや広告効果測定ツールの役割、ラストクリック偏重問題、アトリビューションの概念が登場した背景、そして第三者配信やDMPとの関係まで、その歴史と一連のつながりを解説していきます。

広告主が抱き始めた疑問

　日々のオペレーションレベルで「マーケティングをマネジメント」するとは、CPAやコンバージョン数などのマーケティング目標値の指標を毎日チェックすることから始まります。そして、その数値を改善させるにはどうすればいいのかを真剣に考えます。

　このような業務が広がっていくにつれて、広告主側の担当者は「レポートのコンバージョン数は正しくないのではないか」という疑問を広告代理店、そしてヤフーやGoogleなどのメディアに対して持つようになりました。

レポートの数字の真偽

　多くの広告主は、サイトのアクセス解析ツールでコンバージョン数を測っています。しかし、自社のアクセス解析ツールで測った数値と、メディア側のレポートの数字がしばしば異なり、場合によっては20％程度異なることもあります。前提となる数値のずれは一大事です。どちらの数字を信じて業務を行うべきかが大きな課題になりました。

　では、なぜメディア側のレポートとアクセス解析ツールのレポート

のコンバージョン数に差異が出てしまうのでしょうか。その主な理由は、メディア側のレポートでは、複数のメディアの広告が1人のユーザーに重複して到達している現実を考慮していない点にあります。

例えば、ヤフーのレポートではヤフー側のことしかわかりません。同様にGoogleのレポートではGoogle側のことしかわかりません。言い換えると、1人のユーザーがヤフーで検索した後に、Googleで検索したとしても、その事実を双方ともに認識していないということです。

コンバージョンの重複カウント問題

では、ここで例をもとに考えてみましょう。

> 【例題】
> 1人のユーザーがヤフーで検索を行い、検索連動型広告から広告主サイトAを訪問した。その後、今度はGoogleで検索して、検索連動型広告経由で同じ広告主サイトAを訪問し、そのまま商品を購入（コンバージョン）した。

この場合、Googleの検索連動型広告のレポートにはコンバージョンが1件カウントされます。そしてヤフー側でも1件のコンバージョンがカウントされ、合計で2件のコンバージョンが発生したと数えられる場合があります。これがコンバージョンの重複カウント問題（ダブルカウント問題）と呼ばれるものです。

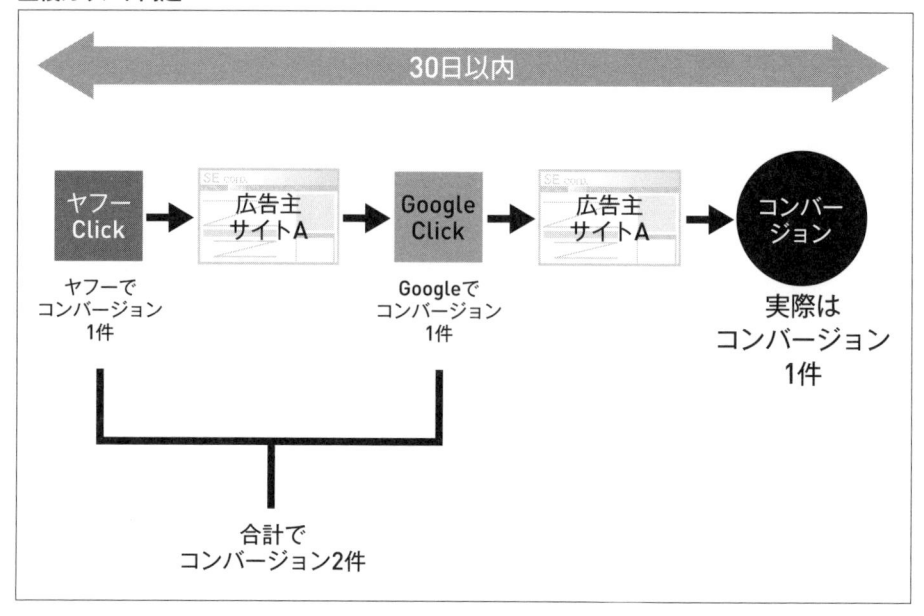

重複カウント問題

```
◄──────────────── 30日以内 ────────────────►

ヤフー      広告主      Google      広告主      コンバー
Click  →   サイトA  →  Click   →   サイトA  →   ジョン

ヤフーで              Googleで              実際は
コンバージョン         コンバージョン         コンバージョン
1件                   1件                   1件

       └──────────┬──────────┘
              合計で
           コンバージョン2件
```

　少し補足すると、コンバージョンが発生した日から30日以内にヤフーの検索連動型広告をクリックした場合に、ヤフー側のレポートにもコンバージョンが1件カウントされます。31日以上経過した後にコンバージョンが発生した場合にはカウントされません。

　この原因は、コンバージョンの計測に利用するクッキー（cookie）というユーザーの行動をトラッキングする仕組みにあります。クッキーは有効期間が設定されており、ヤフーやGoogleの検索連動型広告の有効期間は30日です。

　実際に発生したコンバージョンは1件なのに、ヤフーとGoogleを合計すると2件のコンバージョンが発生しているように見えてしまいます。そのため、検索連動型広告を担当している広告代理店がヤフーとGoogleのレポートを合算してコンバージョン数を出すと、広告主が自社で把握している数字とズレてしまうのです。自社で把握している数字よりも多い数字が報告されると、広告主はメディアや広告代理店から出てくるレポートを信用できないと感じてしまいます。

アクセス解析ツールによる計測の仕組み

　ところで、アクセス解析ツールではコンバージョン数をどのように計測しているのでしょうか。アクセス解析ツールでは通常、セッション単位でコンバージョンがカウントされます。

　ここで言うセッションとは、ユーザーがあるサイトにアクセスし、そのサイト上で行う一連の行動のことを指します。サイトにアクセスしてから離脱するまでの行動を1つの単位として扱います。もしアクセス後にそのサイトから離脱せずにユーザーの行動が止まった場合は、通常30分を目途にセッションが切れたと見なします。

　また、アクセス解析ツールはリファラー（referrer）の情報を取得しています。リファラーとは、ここではリンク元ページの情報のことです。例えば、広告主サイトにヤフーの検索連動型広告経由で訪問した場合、リファラーにはヤフーの検索連動型広告を経由して訪問したという情報が記録されます。もちろんGoogleの自然検索結果経由／検索連動型広告経由、それ以外のディスプレイ広告や広告以外のリンク元なども識別できます。

　つまりアクセス解析ツールは、セッション単位でリファラーの情報を使ってコンバージョンをカウントしています。

　先ほどメディア側のレポートでは、ヤフーとGoogleでそれぞれ1件のコンバージョンがカウントされ、合計で2件のコンバージョンがあるように見える例を挙げました。これをセッション単位で見ていくと、1件のカウントになります。

　まず、「1人のユーザーがヤフーで検索して検索連動型広告から広告主サイトAを訪問」します。この最初の1セッションでは、コンバージョンはゼロです。次に、「今度はGoogleで検索して検索連動型広告経由で同じ広告主サイトAを訪問し、そのまま商品を購入（コンバージョン）した」とします。この2回目のセッションでは「そのまま商品を購入（コンバージョン）」するので、コンバージョンが1件

カウントされます。

セッション単位の計測では重複カウントは発生しない

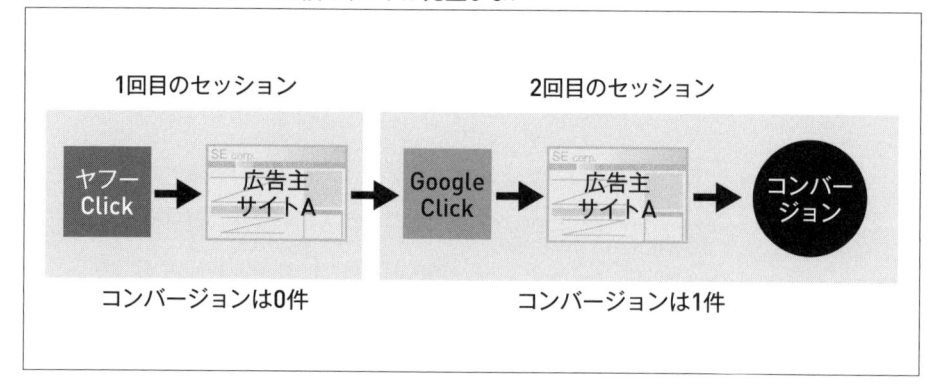

```
   1回目のセッション              2回目のセッション

  ヤフー    →  広告主    →  Google    →  広告主    →  コンバー
  Click       サイトA      Click       サイトA       ジョン

    コンバージョンは0件              コンバージョンは1件
```

　この際、リファラーにGoogleの検索連動型広告がリンク元であるという情報が記載されています。よってこのコンバージョンは、Googleの検索連動型広告経由で発生したと見なします。1回目のセッションがヤフーの検索連動型広告経由で開始していたことは考慮されないので、それがコンバージョンに計上されることはありません。

アクセス解析ツールの限界

　第2章2節でも触れましたが、ネット広告の特徴は限定的ではありますが効果測定ができる点です。にもかかわらず、重複カウント問題という致命的な課題は長い間見過ごされてきました。その結果、メディア側のレポートはあくまでも参考値程度であって、アクセス解析ツール側のコンバージョン数を信頼するようになりました。
　しかしアクセス解析ツールが万能なわけではありませんでした。セッション単位でコンバージョンを計測するアクセス解析ツール自体に問題はないのですが、広告効果測定という視点、つまりアトリビューションの観点から考えた場合に、十分なデータが取得できているとは言えないのです。

アクセス解析ツールは広告効果測定のために作られたツールではない

アトリビューションの観点から、アクセス解析ツールで解決できない点として、リーチとフリークエンシーの問題が挙げられます。

第2章2節で広告効果測定のコミュニケーション効果について触れましたが、AIDMAとAISASにおける生活者の意思決定プロセスについては、アクセス解析ツールのデータだけでは何もわかりません。

また、セッション単位のコンバージョン数に基づいてCPA[*1]を算出して、CPAの目標値を満たすために日々のオペレーションを行っていると、CPAの目標値はクリアできても、コンバージョン数の目標値をクリアできなくなってしまう課題が出てきます。

これは縮小最適化とも呼ばれます。1セッション（あるいは、通常約30分）という単位でコスト効率だけを追求すると、超短期的視点でペイする広告だけが効果のある広告だと見なされることになります。その結果、目標値をクリアできる広告は少数になり、縮小最適化に陥り、コンバージョン数を増やすことができません。これでは本来のマーケティング目標を達成できなくなってしまいます。

そもそも、アクセス解析ツールは広告効果測定のために作られたツールではありません。そのため、広告効果測定、あるいはアトリビューションのニーズを満たすことができないのは、ある意味当然かもしれません。本来のアクセス解析ツールの役割は、サイト内でのユーザーの動きや閲覧時間、閲覧ページ数などを計測し、サイトの改善のために役立てるものです。

[*1] CPAとは、顧客1人を獲得するためにかかるコスト。

広告効果測定ツールの登場

広告効果測定ツールが広告業界に普及し始めたのは、2005年頃でした。メディア側のレポートが抱えていたコンバージョンの重複カウ

ント問題を解決し、同時にアクセス解析ツールのセッション単位でのコンバージョン測定の課題にも応えていく視点を、広告効果測定ツールは持っています。

　広告効果測定ツールは一般的にクッキーでコンバージョンを計測しています。そのため、セッションという30分単位の時間的な制約は受けません。その一方で、ヤフーやGoogleなどのメディアから独立した計測を行うことができるので、コンバージョンの重複カウント問題を回避することができます。

> 【例題】
> 1人のユーザーがヤフーで検索を行い、検索連動型広告から広告主サイトAを訪問した。その後、今度はGoogleで検索して、検索連動型広告経由で同じ広告主サイトAを訪問し、そのまま商品を購入（コンバージョン）した。

　この場合、広告効果測定ツールでは、コンバージョンの直前に経由したGoogleの検索連動型広告でコンバージョンが1件発生したと計上します。その前のセッションにおいてヤフーで検索して広告主サイトAを訪問した履歴も残っていますが、そこにコンバージョンをカウントすることはありません。

　これは、広告効果測定ツールの1つのクッキーによって、ヤフーやGoogleなど複数のメディア経由のコンバージョンを計測しているからです。一方で、メディア側のレポートでは、ヤフーはヤフーのクッキーで、GoogleはGoogleのクッキーでコンバージョンを計測しているため、重複リーチが発生している場合にダブルカウントしてしまうことがあります。

広告効果測定ツールでの計測

```
←――――― クッキーの有効期間、例えば30日以内 ―――――→
```

| ヤフーClick | → | 広告主サイトA | → | GoogleClick | → | 広告主サイトA | → | コンバージョン |

ヤフーで
コンバージョン
0件

Googleで
コンバージョン
1件

実際は
コンバージョン
1件

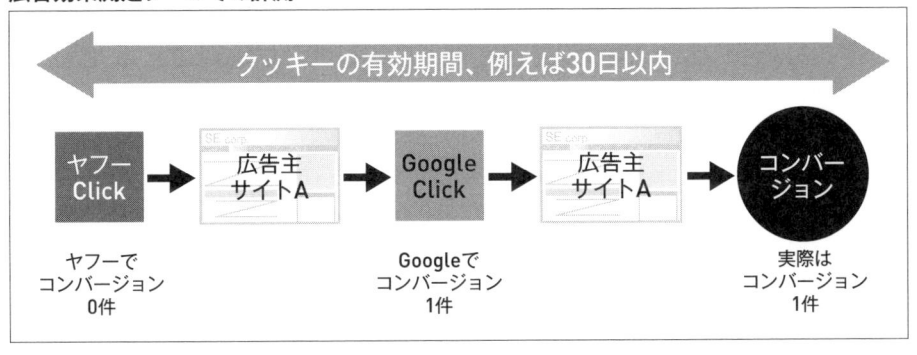

さらに、セッション単位（30分単位）の制限もなくなりました。例えば、セッションが切れて離脱した後に、ブックマーク経由や自然検索経由で訪問してコンバージョンした場合にも、クッキーの有効期間内であればその直前の広告に対してコンバージョン1件が計上されます。逆に言えば、広告以外の流入元にはコンバージョンがカウントされないということです。

広告効果測定ツールでの計測

| GoogleClick | → | 広告主サイトA | → | ブックマーク経由など広告以外 | → | 広告主サイトA | → | コンバージョン |

Googleで
コンバージョン
1件

広告以外で
コンバージョン
0件

実際は
コンバージョン
1件

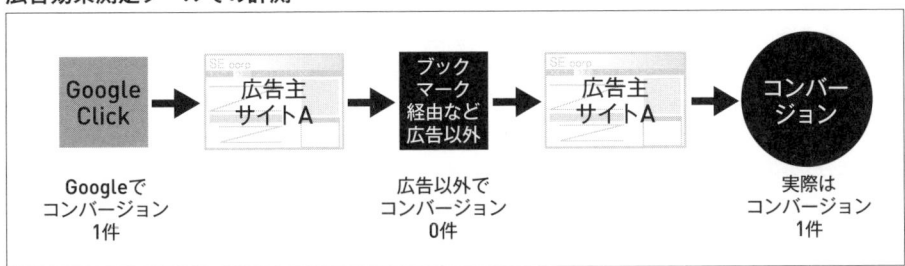

ラストクリック偏重問題

　このように広告効果測定ツールは、メディア側のレポートの問題点とアクセス解析ツールの問題点をクリアしているので、ネット広告の効果測定には最適なツールだと当時は考えられていました。しかし、

2節：アトリビューションの歴史

一見優れているように思える広告効果測定ツールも、アクセス解析ツールと同様の問題を抱えていました。それは、短期的な視点でしか広告を評価していない点です。

　アクセス解析ツールはセッション単位（30分単位）で「コンバージョン直前の広告のクリック」だけを評価しています。一方で、広告効果測定ツールはクッキーの有効期間という時間単位で「コンバージョン直前の広告のクリック」だけを評価しています。測定時間の単位（長さ）は異なりますが、どちらも「コンバージョン直前の広告のクリック」だけを評価対象にしている点は同じです。

　この「コンバージョン直前の広告のクリック」のことをアトリビューション用語で「ラストクリック」と呼びます。ユーザーがコンバージョンに至る経路があるとして、その経路の中でコンバージョンの直前、つまり、経路の中で最後にクリックした広告ということです。

　ちなみに、コンバージョンに至る経路における最初のクリックは「初回クリック」、初回クリックとラストクリックの中間に位置するクリックを「中間クリック」と呼びます。「初回クリック」と「ラストクリック」は1回のみですが、「中間クリック」は1回のみとは限らず、複数回の場合があり得ます。そしてラストクリックだけではなく、それ以前の「初回クリック」や「中間クリック」についても評価しなければならないのではないか、という問題が出てきました。

広告主が陥った縮小最適化の壁

　その問題が起こった理由の1つとして、縮小最適化の課題が挙げられます。広告効果測定ツールでは、コンバージョンに至る経路において、最後にクリックされた広告しか評価対象にしていません。

　そのため、ラストクリックで計測したコンバージョン数に基づいてCPAを算出し（ラストクリックCPA）、CPAの目標値を満たすために日々のオペレーションを行っていると、ある程度しかコンバージョン数を伸ばすことができないという課題が出てきます。

CPAの見合わない広告をどんどん切り捨てていった結果、目標値をクリアできる広告は限られてきます。CPAの目標値をクリアする広告で獲得できるコンバージョンを全て取りきってしまうと、そのあとは限界値に達してしまいコンバージョン数を増やせなくなってしまいます。ネット広告の効率化に対して真剣に取り組んでいる広告主ほど、この縮小最適化の壁を感じるようになりました。

生活者の意思決定プロセス

　また、第2章2節で触れたAIDMAやAISASと言われるような生活者の意思決定プロセスがあるとした場合、コンバージョンに至る直前のラストクリックだけを評価対象にしていてもあまり意味がありません。

　例えば、テレビCMなどのマス広告を出稿すると、その広告主サイトへのアクセスが増加することがよくあります。それと連動して、その広告主のブランド名などの検索数が増加し、検索連動型広告経由のコンバージョン数が増えることがあります。また、ディスプレイ広告のCTR[*2]が上昇したり、CVR[*3]が上がることもあります。

　テレビCMなどのマス広告で気になる情報に触れて、その後に検索してサイトを訪問する生活者の行動は容易に想像できるでしょう。またテレビCMを見て頭に残っている情報と同じものをディスプレイ広告で見かけてクリックして、ディスプレイ広告のCTRが上がることもあるでしょう。

　これと似たような現象は、検索連動型広告と連動してディスプレイ広告を出稿した場合にも起こり得ます。ディスプレイ広告を見たことで気になった情報を、後から検索することもあるでしょう。そしてディスプレイ広告をクリックして広告主サイトを訪問して、一度は離脱したとしても、その後に気になって検索する生活者もいるでしょう。

　つまり、テレビCMなどのマス広告やディスプレイ広告などが、Attention（注意）からInterest（興味・関心）に至るプロセスの起点

[*2] CTRとは、クリック率のこと。広告がユーザーに表示された回数のうち、クリックにつながった割合。

[*3] CVRとは、コンバージョン率のこと。広告がユーザーにクリックされた回数のうち、コンバージョンに結び付いた割合。

となり、その後のAction（行動）につながっていると考えられるのです。

アトリビューションの勃興

　ラストクリックだけを評価対象にすることが問題視され始めた2008年頃、「アトリビューション分析」や「アトリビューション・マネジメント」という言葉が登場しました。私自身が最初に耳にしたのは、2008年のSES（Search Engine Strategies）*4というカンファレンスでした。このイベントの中で、アトリビューションに関するセッションが登場してきました。

＊4 SESは米国を中心に行われているサーチエンジンマーケティング業界のイベント。

　そこで紹介された事例は、これまでのラストクリックだけを評価対象にするのではなく、コンバージョンパスデータ（コンバージョンに至る経路のデータ）を取得し、初回クリック→中間クリック→ラストクリックの全ての経路を評価対象にするというものでした。

　また、その分析に基づいて、広告予算のリアロケーション（再配分）を行ったところコンバージョン数が増加し、CPAも悪化しなかったということでした。このように、アトリビューションの導入事例が米国で紹介されるようになり、アトリビューションへの注目度が日本でも一気に高まっていきました。

アトリビューションと第三者配信

　アトリビューションの初期の頃、コンバージョンパスデータはクリックだけの経路を扱っていました。広告をクリックした履歴のデータを、コンバージョンに至るまでクッキーでトラッキングして分析していたのです。

　その後、クリックだけではなくインプレッションも対象にして分析したいというニーズが高まります。ここで第三者配信（3PAS）が脚光を浴びることになります（第三者配信については第3章3節で解

説)。

　第三者配信を活用してディスプレイ広告を配信すると、クリックだけではなくインプレッションも含めてコンバージョンパスデータを取得することができます。複数のメディアへの広告配信を1つのシステムで行うため、複数のメディアを横断したフリークエンシー*5の把握も可能になります。

　ディスプレイ広告の場合、フリークエンシーはユーザー単位でのインプレッション回数になります。複数のメディアを横断したフリークエンシーがわかるので、その結果として複数のメディアにおける重複リーチについてもデータが取得できるようになります。

　例えば、メディア側のレポートでインプレッションが100回の場合、それだけでは100人に1回ずつ表示されているのか、1人に100回表示されているかはわかりません。さらに1つのメディアではなく、複数のメディアに広告を配信していると、それらが1人のユーザーに重複してリーチしているのかどうかもメディア側のレポートではわかりません。これは、アクセス解析ツールや広告効果測定ツールでも同様です。

*5 フリークエンシーとは、1人のユーザーに広告が何回接触しているかということ。

第三者配信の3つのメリット

　アトリビューションの概念の広がりと共に、第三者配信は業界のトレンドになってきました。アトリビューション視点からの第三者配信のメリットとしては、下記の3つが挙げられます。

1. インプレッションも含めてコンバージョンパスデータが取得できる
2. 複数のメディアを横断したリーチとフリークエンシーのデータが取得できる
3. コンバージョンの重複カウント問題が解決できる

第三者配信のメリット

	インプレッションも含めてコンバージョンパスデータが取得できる	複数のメディアを横断したリーチとフリークエンシーのデータが取得できる	コンバージョンの重複カウント問題が解決できる
第三者配信	○	○	○
広告効果測定ツール	×	×	○
アクセス解析ツール	×	×	○

　ネット広告のアトリビューションという観点では、第三者配信がアクセス解析ツールや広告効果測定ツールよりも優れています。しかしサイトの解析をする場合は、アクセス解析ツールの方が優れています。用途によって使い分けなければなりません。また、最近は、第三者配信とアクセス解析ツールなどを連携することによって、広告配信のインプレッションから広告のクリック、そして広告主サイトへのアクセス後のユーザーの動きを一気通貫でトラッキングできるようになってきています。

　また純広や検索連動型広告など、いわゆる第三者配信ができない広告メニューも、クリックトラッキングやインプレッショントラッキングを行うことで、ネット広告の配信についてはほぼ全て第三者配信でデータを集約することが可能になります。

　そしてネット広告以外の自然検索経由やSNS経由、コンテンツサイト経由などもリファラー情報から判別することができます。そのため、具体的には個々のツールによって異なるものの、ほぼ全ての流入に第三者配信は対応できます。

　オンライン上のほぼ全ての流入が捕捉できるため、カスタマージャーニーといわれるユーザーの動線が可視化されます。カスタマージャーニーとは、ユーザーがコンバージョンに至るまでの経路のことです。コンバージョンパスデータの中に、カスタマージャーニーの情報が含まれています。コンバージョンの直前のラストクリックだけでは

なく、そこに至る一連のユーザーの動きを把握・分析することによって、より効率的に広告投下ができるようになります。

つまり、Attention（注意）→ Interest（興味・関心）を引き起こしている広告を把握し、Search（検索）→ Action（行動）→ Share（共有）の流れをマーケターの意図で、ある程度、作り出すことができるようになります。これによって、ラストクリックだけの評価で陥りがちな縮小最適化の課題解決にもつなげることができます。

アトリビューションとDMP

第三者配信のメリットの1つとして、複数メディアを横断したリーチとフリークエンシーのデータが取得できる点を挙げました。これは、メディア側のレポートやアクセス解析ツール、広告効果測定ツールなどでは取得できないデータであり、非常に価値の高いものです。

そもそも、広告の効果を測るためにはリーチの数字が不明なままではほとんど意味がありません。何人の人にリーチしているか（広告が届いているか）がわからない状態では、どのくらいの人に認知してもらえるかわからないからです。そして、1人に何回ぐらい広告を見せればその訴求メッセージを理解してもらえるのか、興味を持ってクリックしてもらえるのか、あるいは検索してもらえるのかなどを把握するために、フリークエンシーのデータが必要になってきます。

▶ 戦略的メディアプランニング

第三者配信を導入した広告主企業は、リーチとフリークエンシーのデータを分析し、目的に応じて配信メニューを使い分けます。

例えば同一予算でリーチを拡げたい場合、純広やオーディエンスターゲティングを主に選んで、フリークエンシーを少なく抑えてリーチを広げます。同一予算でフリークエンシーを高めたい場合は、リターゲティングを主に選び、同じ人に繰り返し広告を表示させてフリークエンシーを増やします。

純広やオーディエンスターゲティングでリーチを広げる目的は、できるだけ多くの人に広告を見せること、あるいはなるべく新しい人に広告を見せることです。リターゲティングの主な目的は、興味をもって広告主サイトを一度訪問した人に対してリマインダー的に繰り返し広告を見せて、コンバージョンにつなげることです。

　リーチとフリークエンシーのデータを取得することで、ディスプレイ広告の配信は格段に戦略的になりました。どのメディアを組み合わせて買い付けを行えばリーチが拡大するか、あるいはどのメディアのリーチが大きくて何回ぐらいのフリークエンシーでコンバージョン率が高いかなどを把握できるようになり、これまでよりも戦略的にメディアプランニングが行えるようになりました。

▶ DMPによるセグメント別配信の実現

　このように、より戦略的なメディアプランニングを実施するようになった広告主の中から、さらに高いレベルの要望が出てきました。それは、より細かくセグメントを切ってディスプレイ広告を配信したいというニーズでした。

　例えば、新規顧客と既存顧客の区別、あるいは非会員と会員の区別などです。新規会員獲得キャンペーンを行う場合は、まずはリーチを広げるために純広やオーディエンスターゲティングなどで配信することが多いですが、通常は実際にリーチした人が非会員か既存会員かを識別することができません。新規会員を獲得したい場合は、できれば非会員だけに広告を配信したいということです。

　また、既存会員向けに割引キャンペーンを行う場合、多くの企業はメールやDMでキャンペーン告知を実施します。しかし、メールもDMも開封してくれない人が多いという課題があります。そのため、既存会員というセグメントを切り出してディスプレイ広告を配信できれば、より効率よくメッセージを届けることができるのではないかと期待が集まりました。

2012年ごろから注目され始めたDMP（第4章1節で解説）は、このようなセグメント別の配信を可能にする技術です。下図は、Platform ID社のxrostDMPの説明資料（http://dmp.xrost.ne.jp/）からの抜粋です。

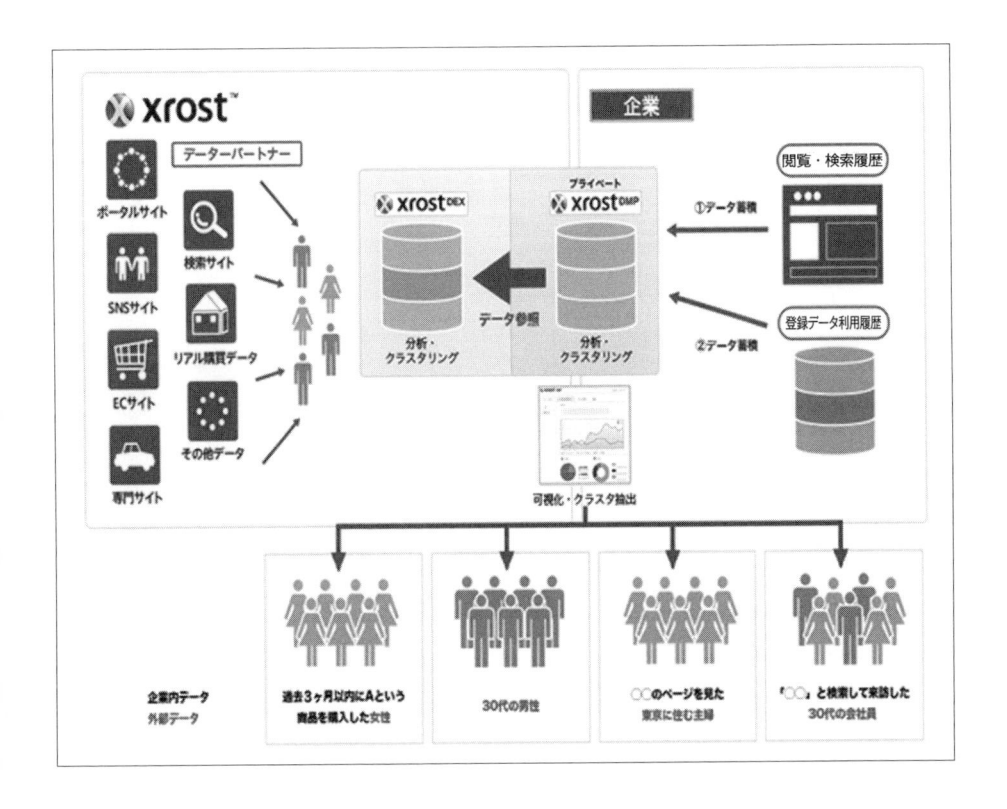

左側に「データパートナー」とあります。ポータルサイト、検索サイト、SNSサイトなどと記載されていますが、これらのサイトでのユーザーの行動履歴データ、およびポイントカードなどでのリアル購買履歴データを、個人を特定できない形で保持しているということです。そして右側に「企業」とありますが、これは広告主サイトの閲覧・検索履歴やCRMなどの広告主企業側で取得できるデータを指します。これらのデータを連携させることで、さまざまなセグメントを切り出すことができるようになります。

また、DSPや第三者配信、メール配信ツール、コンテンツマネジメントシステム（CMS／LPOツール）と連携させることによって、ユーザーごとの特性やニーズにマッチしたコミュニケーションを実施できるようになります。

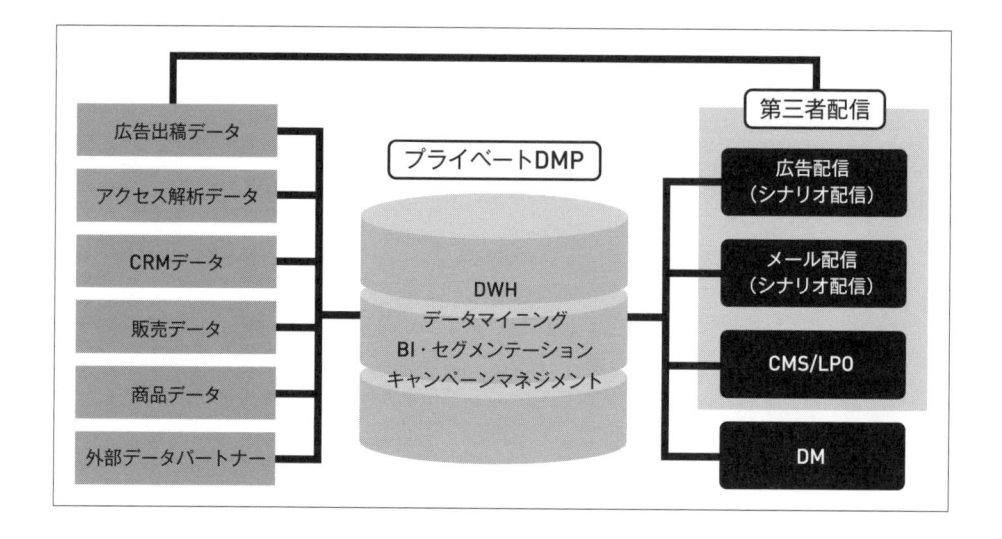

```
[広告出稿データ]     ┐              ┌─[第三者配信]
[アクセス解析データ] │  プライベートDMP │  [広告配信（シナリオ配信）]
[CRMデータ]          │   DWH          │  [メール配信（シナリオ配信）]
[販売データ]         ├─ データマイニング ─┤  [CMS/LPO]
[商品データ]         │   BI・セグメンテーション │
[外部データパートナー] ┘  キャンペーンマネジメント └─[DM]
```

このように、個々の広告主企業の自社データと連携したDMPを「プライベートDMP」と呼びます。プライベートDMPを構築することによって、セグメント別・シナリオ別にコミュニケーションを行うことができるようになります。

例えば、外部データから30代女性を抽出し、自社CRMデータと掛け合わせることで、30代女性で自社商品を購入した履歴のない潜在顧客のセグメントを作ることができます。この人たちだけに対して新規会員勧誘キャンペーンのディスプレイ広告を配信することなどが可能になります。もちろん、この時に使うメッセージやクリエイティブは、30代女性の興味を惹くような内容を考えます。

▶ セグメント別のシナリオ作成

また、それぞれのセグメント別に複数のシナリオを作ることができます。例えば、メールマガジン会員の1つのセグメントに向けてキャンペーンを行うことを考えてみましょう。

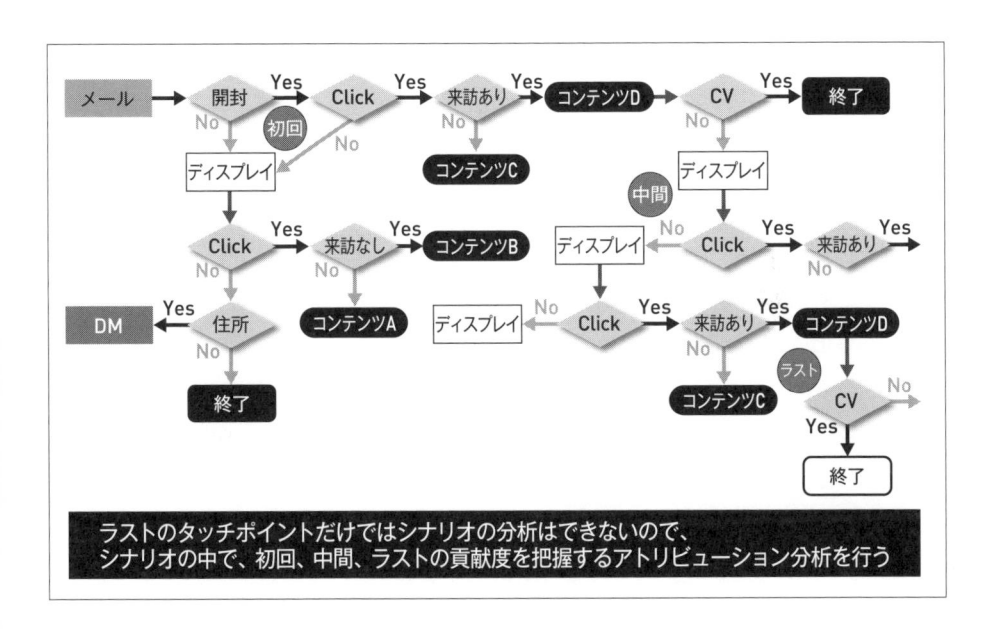

```
メール → 開封 -Yes→ Click -Yes→ 来訪あり -Yes→ コンテンツD → CV -Yes→ 終了
         No↓      初回  No↓              No↓                    No↓
         ディスプレイ        コンテンツC           ディスプレイ
            ↓                               中間  No↓
         Click -Yes→ 来訪なし -Yes→ コンテンツB   ディスプレイ → Click -Yes→ 来訪あり -Yes→
         No↓         No↓                              No↓     No↓
  DM ←Yes- 住所       コンテンツA        ディスプレイ ←No- Click -Yes→ 来訪あり -Yes→ コンテンツD
            No↓                                              ラスト  No↓             ↓
           終了                                            コンテンツC  CV -No→
                                                                    Yes↓
                                                                    終了
```

ラストのタッチポイントだけではシナリオの分析はできないので、シナリオの中で、初回、中間、ラストの貢献度を把握するアトリビューション分析を行う

メールアドレスがわかっているので、まずはメールでキャンペーン内容を配信します。そのメールを開封する人としない人に分かれます。メールを開封してくれない人には、そのままではキャンペーン内容を届けることができません。そのため、メールを開封しない人を抽出してディスプレイ広告を配信するようにシナリオを組みます。

今度は、そのディスプレイ広告をクリックする人とクリックしない人がいます。クリックしない人は、もしかするとディスプレイ広告に気付いていないのかもしれません。そこで、自社CRMのデータを確認します。もしそこに住所データがあれば、DMを送ってキャンペーン内容を知らせします。住所データがない人に対しては、これ以上の打ち手がないと判断してシナリオを終了します。

もちろん、最初にメールを開封してくれる人に向けたシナリオも考えます。メールを開封し、メール内のリンクをクリックして広告主サイトに訪問したとします。その場合に、例えば過去1週間以内にサイト訪問履歴があるかないかによって、ランディングページで表示する内容を差し替えることができます。先の図では、過去1週間以内に「来訪あり」であれば「コンテンツD」を、過去1週間以内に「来訪なし」であれば「コンテンツC」を見せます。

　ここで、「コンテンツD」を見せた人たちのシナリオを説明しましょう。「コンテンツD」を見せてコンバージョンすれば、そこでシナリオは終了です。しかし、「コンテンツD」を見せてもコンバージョンしなければ、その人たちにディスプレイ広告を配信します。ディスプレイ広告を1回配信してもクリックしない人には、再度ディスプレイ広告を配信します。

　この2回目でディスプレイ広告をクリックして広告主サイトに訪問する人に「コンテンツD」、あるいは「コンテンツE」をみせます（「コンテンツE」は図に記載なし）。ここで、「コンテンツD」と「コンテンツE」を見せる人をそれぞれ50％対50％になるようにコントロールして、どちらがコンバージョンに至りやすいかをテストします。いずれにしても、コンバージョンすれば、シナリオ終了になります。

　このようにさまざまなシナリオを評価していく時、コンバージョン直前のラストの施策だけを見て効果測定を行ってもまったく意味がありません。メール、ディスプレイ広告、DM、ランディングページ、それからシナリオでコントロールはできませんが、自然検索や検索連動型広告、ブックマークやその他の外部リンクからの訪問も、シナリオの履歴の中に混在します。コントロールできる施策からの来訪履歴とコントロールできない施策からの来訪履歴のデータを一緒に見て、アトリビューション分析を行うことになります。そのようにして、次の打ち手としてのセグメント設定やシナリオ設定ができるようになります。

つまり、DMPを有効活用するためには、アトリビューション分析が絶対不可欠です。なぜなら、ラストのタッチポイントだけをみて判断しても、シナリオの評価はできないからです。

▶ DMPと第三者配信の連携

先ほど、第三者配信でリーチとフリークエンシーのデータが取得できるようになる重要性について説明しました。ただし第三者配信だけでは、既存顧客へのリーチなのか、まだ購入履歴のない潜在顧客へのリーチなのかわかりません。そこでDMPと第三者配信を連携することで、この区別ができるようになります。

DMPと第三者配信を連携してリーチを分析する

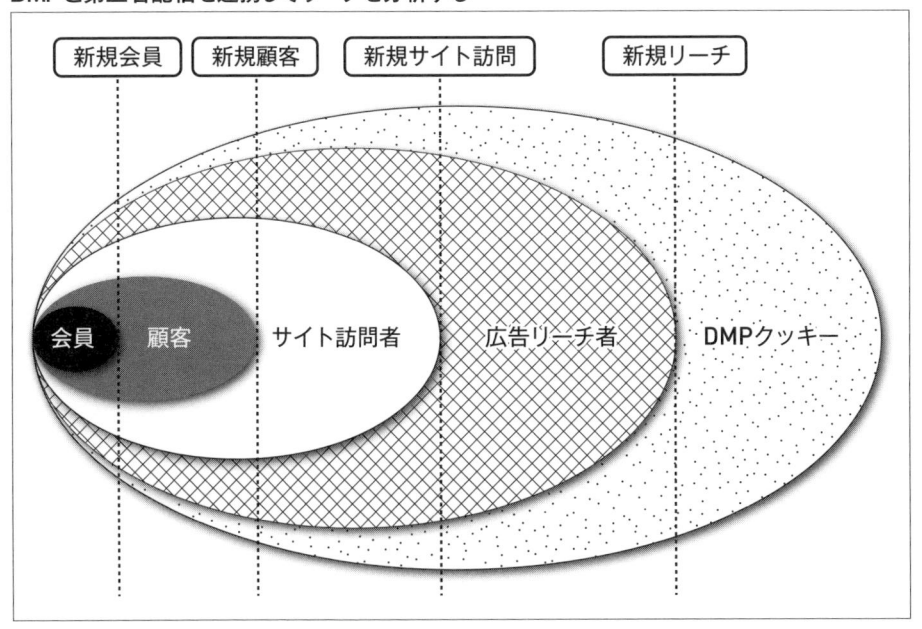

（図：新規会員／新規顧客／新規サイト訪問／新規リーチ、会員・顧客・サイト訪問者・広告リーチ者・DMPクッキー）

例えば、過去1週間で第三者配信したディスプレイ広告のリーチが100人だったとします。そのうち、既存顧客へのリーチが50人、購入履歴のない潜在顧客へのリーチが50人でした。もちろん、全ての既存顧客がDMPのクッキーで識別できる状態になっていなければ100

%わかりませんが、広告主サイトにDMPのタグを設置した後に購入履歴などがあるユーザーであれば識別できるようになります。その意味では、DMPのタグだけでも早めに設置した方が良いでしょう。

　既存顧客と潜在顧客へのリーチが判別できると、潜在顧客へのリーチ数や率が高いディスプレイ広告とそうでないものが明らかになります。もし新規顧客獲得が課題となっている広告主であれば、このデータを有効に活用できるはずです。潜在顧客に効率的にリーチできるメディアへの出稿を増やすことができ、また潜在顧客へのフリークエンシーを何回ぐらいにすればより効率的に新規顧客に転換できるかもわかります。

　同じように、サイト訪問者も既存顧客なのか潜在顧客なのかが明らかになります。サイト訪問者に関しては、第三者配信をしていなくても、既存顧客か潜在顧客の区別がつくので、ディスプレイ広告以外でも、自然検索や検索連動型広告、アフィリエイト、その他の外部リンク経由など、さまざまな流入元からのアクセスについて対応できます。

　例えばよくあるケースとしては、検索連動型広告経由のサイト訪問者は既存顧客が多く、結果として新規顧客の獲得にはつながりにくいことがあります。特に、ブランド指名検索をしてくるユーザーはその傾向が高いです。

検索連動型広告の新規率

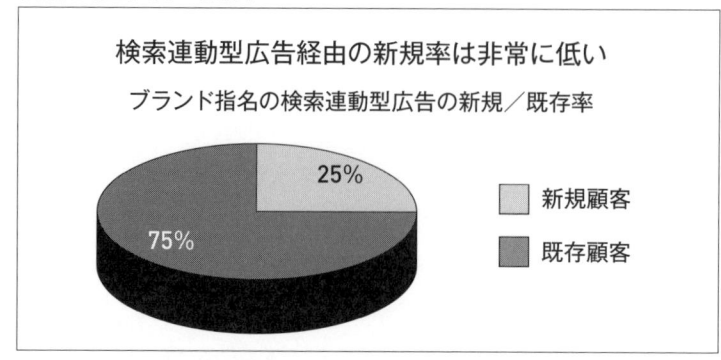

検索連動型広告経由の新規率は非常に低い
ブランド指名の検索連動型広告の新規／既存率

- 新規顧客　25%
- 既存顧客　75%

これは、すでに顧客となっている人がリピート購入する際に、検索連動型広告をクリックして広告主サイトに来訪していることを意味しています。このリピート購入する人たちは購買意向が非常に高く、もしかすると検索連動型広告が表示されていなくても、自然検索経由で来訪してコンバージョンに至る可能性があります。

検索連動型広告のコンバージョンと自然検索経由のコンバージョンの関係

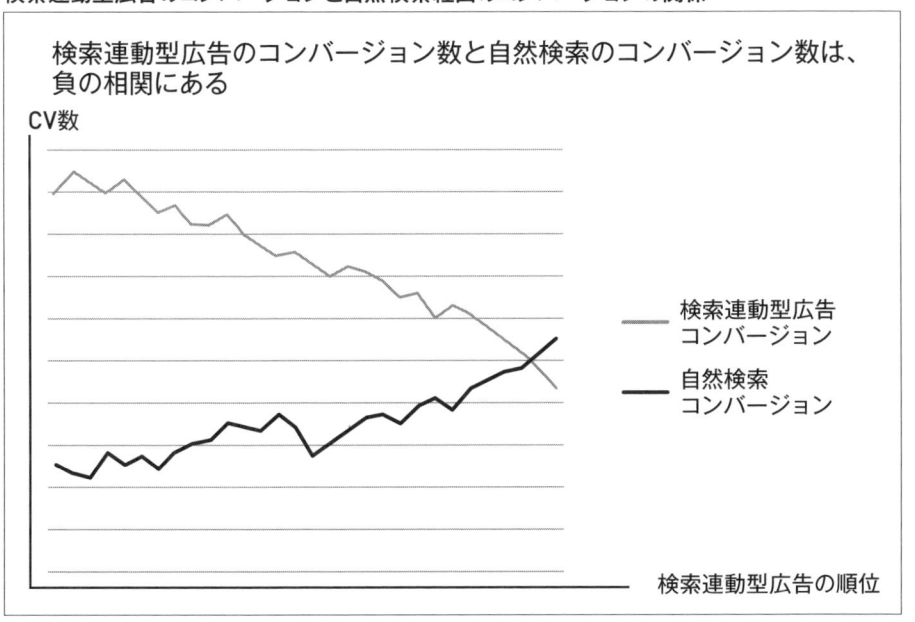

検索連動型広告のコンバージョン数と自然検索のコンバージョン数は、負の相関にある

CV数

──── 検索連動型広告コンバージョン
──── 自然検索コンバージョン

検索連動型広告の順位

かつて、あるクライアントの協力を得て、検索連動型広告の順位を実験的に上げ下げして、検索連動型広告経由のコンバージョンと自然検索経由でのコンバージョンの推移を調査したことがあります。上の図の左側では検索連動型広告の掲載順位が高く、右側にいくほど検索連動型広告の掲載順位が低くなっています。順位が高い場合は、もちろん、検索連動型広告経由のコンバージョンが多いのですが、順位が下がるに連れてその数は減少していきます。その代わりに、自然検索経由のコンバージョンが徐々に増加していくのがわかると思います。

先ほども触れましたが、検索連動型広告経由でのコンバージョンは

既存顧客のリピート購入が多く、これは自然検索経由のコンバージョンにおいてもほぼ同じです。そうすると、既存顧客のリピート購入に関しては、検索連動型広告ではなく自然検索である程度補完できることがわかります。もちろん、これは広告主によって違いがあるとは思います。しかしながら、多くの広告主の場合、ブランド指名キーワードで検索しているユーザーについては、検索連動型広告を止めて自然検索で対応することができるでしょう。ただし、SEO対策がきちんとなされていることが条件になります。また、なんらかのキャンペーンなどを実施している時期は別です。キャンペーンなどの場合はそのキャンペーン用のランディングページを設置し、そちらに誘導するケースが多いため、自然検索経由で広告主サイトのトップページに誘導しても意味がないからです。

　新規顧客獲得が課題になっている広告主の場合、ブランド指名キーワードを中心に既存顧客率の高いキーワードは検索連動型広告を止めて、その分の予算を潜在顧客へのリーチ率の高いメディアに配分することができるようになります。結果的に、新規顧客獲得効率が上がります。

　このようにして、DMPとアトリビューション分析を導入し、新規顧客の獲得率が低いメディアから新規顧客獲得率の高いメディアへと予算をスライドすることで、より効率的に効果的にマーケットシェアの拡大を進めていくことができるようになります。また、既存顧客についても、デモグラフィックデータや行動履歴データなどで細かくセグメントを分けてそれぞれのシナリオを作成し、リピート数とリピート率の向上を少しずつ実現していきます。つまり、DMPとアトリビューションはセットで使うことに意味があるのです。

第5章：アトリビューション

オンラインアトリビューション

アトリビューション分析の土台となるフレームワークを押さえ、オンラインアトリビューションについて説明していきます。

カスタマージャーニー

　第三者配信を使ってカスタマージャーニーの情報が取れるようになったことで、デジタルマーケティングの戦略構築の仕方が大きく変化しました。なぜなら、それぞれの異なるメディアが、コンバージョンに至る経路の中で果たしている役割がわかるようになったからです。その役割に応じて予算配分をしたり、クリエイティブを作成することができるようになりました。

　Googleが国別・業界別にカスタマージャーニーを見ることができるツール「The Customer Journey to Online Purchase」（http://www.google.com/think/tools/customer-journey-to-online-purchase.html）を公開しています。例えばこのツールで「Japan」「All Industries」を選択してみると、DISPLAY（ディスプレイ広告）が経路の中では一番前にきていて、SOCIAL（SNS）は中間ぐらいに位置している、といったことなどがわかります。

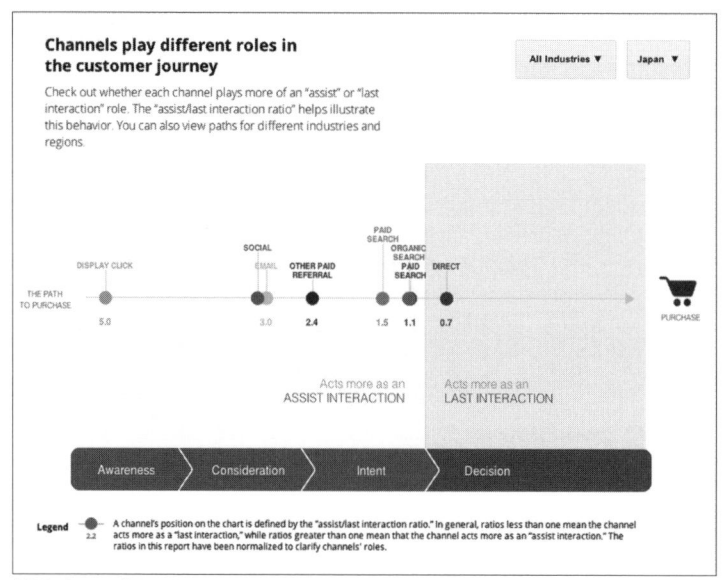

(参照：Google「The Customer Journey to Online Purchase」)

　また、カスタマージャーニーとほぼ同じ意味で、Consumer Decision Journey（CDJ）という言葉も使われています。CDJは2009年にMcKinsey＆Companyが発表した考え方です。このCDJもカスタマージャーニーと同様に覚えておくといいでしょう。

顧客の心の移り変わりを想像する

　第三者配信を使って取得できるカスタマージャーニーの情報は、ディスプレイ広告配信を中心にした捕捉できる経路データです。つまり、広告主が配信した広告に、ユーザーが接触した履歴のデータと広告主サイトにユーザーが訪問した履歴のデータになります。

　ユーザーのネット上での全ての行動履歴や、店舗来訪などのリアルでの行動履歴がわかるわけではありません。あくまでも広告主のサイトを軸としたユーザーの行動履歴がわかるだけです。しかしながら、メディアのレポートやアクセス解析ツールや広告効果測定ツールに比べれば、圧倒的な量の行動履歴が第三者配信でわかるようになります。

この経路データを分析することで、面白いことが見えてきます。旅行サイトの例で考えてみましょう。

> 【例題】
> 最初に海外旅行のディスプレイ広告をクリックして、広告主サイトを訪問して離脱した。それから3日後に「イタリア旅行」というキーワードで検索して訪問して離脱した。その5日後にイタリア旅行を訴求したディスプレイ広告をクリックして訪問して離脱した。その4日後に、なぜか「箱根温泉」というキーワードで検索して訪問し、そのままコンバージョン（予約完了）した。

この例では、あくまでも推測ですが、最初は海外旅行に行きたいと思っていたユーザーがイタリア旅行を検討していたが、「費用が高い」「十分な時間が取れない」などの理由で、最終的に国内の箱根温泉旅行で妥協して予約をした、ということが想像できます。

このような例はいくらでもあります。例えば住宅情報系のサイトであれば、一戸建てのディスプレイ広告から訪問してきたユーザーが、しばらくすると結局マンションの資料請求をしているといったことなどです。あなた自身も、思い当たる経験がありませんか。

ディスプレイ広告は無駄か

ところで、先ほどの例題において、最初にクリックした海外旅行のディスプレイ広告は無駄だったのでしょうか。

ラストクリックだけの情報で評価する場合、最初の海外旅行のディスプレイ広告をクリックしたことがきっかけで最後に箱根温泉を予約したことはわかりません。つまりコンバージョンに貢献しているかどうかはわからないので、無駄だったと評価される可能性があります。

これに対して、第三者配信でコンバージョンに至る経路のデータを取得して評価すると、一連の流れがわかるので、最初の海外旅行のデ

ィスプレイ広告が初回訪問のきっかけになっていたことがわかります。

　一昔前は、コンバージョン直前のラストクリックだけを評価していたため、ラストクリックに強いメディアを高く評価していました。ラストクリックに強いメディアというのは、一般的に、検索連動型広告やアフィリエイトなどです。その反対に、一般的にラストクリックに比較的弱いメディアは、純広系のディスプレイ広告やSNSなどです。

　このように、ラストクリックに強いメディアのみを高く評価し、弱いメディアを低く評価するのは、かなり偏った評価方法です。このような評価方法に基づいて広告予算の配分を行うと、必然的にラストクリックに強いメディアに予算が集中するという大きな過ちを犯してしまいます。

　これで一番損をするのは、広告主です。あきらかに間違った尺度で効果を測り、それに基づいて間違った予算配分を行いPDCAを繰り返すことで、縮小最適化に陥ってしまいます。この負のスパイラルから脱却するために、第三者配信で取得したコンバージョンパスデータ（コンバージョンに至る経路データ）を使ってアトリビューション分析を行います。

アトリビューション分析のフレームワーク

　では、第三者配信で取得したコンバージョンパスデータを使って、実際にどのようにアトリビューション分析を行うのかを一緒に見ていきましょう。その分析の土台となるフレームワークを紹介します。

▶ 6つの視点

　アトリビューション分析には、一般的に使われている分析の切り口があります。これを私はアトリビューション分析のフレームワークと呼んでいます。広告の評価方法についての視点と言い換えることもできるでしょう。

アトリビューションフレームワークの6つの視点

1. いつ
2. どこで
3. 誰に
4. どんな内容で
5. どのくらいの量を
6. どんな効果が

　「いつ」は、何時何分何秒に広告を投下すると効果が高いのか、どのような順番で、あるいは、どのようなタイミングに、どのくらいの期間で、どの季節に、暑い時に寒い時に、晴れの時に雨の時に、など「いつ」という時間的な要素です。

　「どこで」は、どのデバイスで、どのエリアで、どの駅で、どのメディアで、どの枠で、など「どこで」という広告を配信する場所的な要素です。

　「誰に」は、20代女性などのデモグラフィック、趣味嗜好などのサイコグラフィック、どのような行動パターン、どのようなライフステージといった「誰に」という人の属性の要素です。

　「どんな内容で」は、どのような訴求内容をどのようなメッセージで、どのようなクリエイティブで届けるかという要素です。

　「どのくらいの量を」は、どのくらいの金額で、どのくらいのリーチで、どのくらいのフリークエンシーで、といった広告投下量的な要素です。

　「どんな効果が」は、どのくらいの売上を、どのくらいの認知を、好意度を、店舗送客数を、アクセス数を、コンバージョン数を、といった広告によってどのような効果が上がるのかという目的に関する要素です。

▶ フレームワークを使った分析

では、アトリビューション分析のフレームワークを使って分析を進めていきましょう。分析の最初に行うのは、投下した広告をこのフレームワークを使ってセグメントに分けることです。分けることは、分析の第一歩です。

分析の目的に応じて、そのセグメント分けは変わってきます。例えば、関東と関西の効果の違いを見る時はエリアという切り口が必要ですが、全国を一括で見る場合にはエリアという切り口は要りません。

第三者配信で取得したコンバージョンパスデータを使うと、いつ（何時何分何秒）にどのメディアのどのメニューでどのクリエイティブがどのクッキー（人）に配信されて、いつ表示されて（インプレッション）、いつクリックされて、いつコンバージョンしたのか、というような情報がわかります。

例えば順番においては、最初、最後、もしくは何番目に配信されたインプレッションやクリックなのか、そして最終的にコンバージョンに至ったのかといったことがわかります。

そうすると、ディスプレイ広告は最初にクリックされることが多いとか、SNSは中間でクリックされることが多いとか、検索連動型広告はラストでクリックされることが多いといったことがわかります。これらのデータをもとに、それぞれのメディアの役割を把握して、コンバージョンへの貢献度を算出していきます。

また、同じディスプレイ広告でもメディアやメニュー、クリエイティブが違えば異なるセグメントになります。そして曜日や時間帯別に評価する場合は、その曜日や時間帯ごとに異なるセグメントになります。検索連動型広告の場合は、キーワードごとに異なるセグメントになりますし、そのキーワードも曜日や時間帯別に異なるセグメントになります。

メディアアトリビューションと
オーディエンスアトリビューション

　先ほど、「分けることは分析の第一歩だ」と書きました。ということは、思い通りに分けることができなければ、思うような分析ができないということです。分けられないものは分析できないのです。

　私が使っている「アトリビューションフレームワークの6つの視点」の中でもっとも厄介なのが、「誰に」という視点です。

　通常はメディア（媒体）を介在して広告を生活者に届けます。広告の出稿計画を作成する際には、各メディアの読者（ユーザー）属性を把握し、20代女性が多いメディアや30代男性が多いメディアといったメディア特性に合わせてプランニングしていきます。

　そして、広告配信後にアトリビューション分析をする際にも、そのメディアごとに効果測定をしていくのがこれまでのやり方です。しかし、このやり方ではメディアごとの分析は可能ですが、「誰に」というユーザーごとの分析は厳密にはできません。なぜなら、メディアごとにセグメントを分けることはできても、「誰に」という人の属性の要素では分けられないからです。

　そのため、メディア（DSPやアドネットワークなども含む）単位で分析するこれまでの手法を、「メディアアトリビューション」と私は呼んでいます。

　これに対して、「誰に」という人（オーディエンス）単位でセグメントを分けて分析する手法を、「オーディエンスアトリビューション」と名付けています。

　このオーディエンスアトリビューションは、DMPの登場によって可能になってきました。すでに第5章2節で説明したように、DMPを活用することである程度自由にユーザー（オーディエンス）をセグメントに分けて広告配信を行うことができます。

　DMPの登場によって、プランニングはメディアの「枠」単位から

オーディエンスという「人」単位に変化していくと言われています。また、それと同時に、アトリビューションもオーディエンスという「人」単位で実現できるようになってきたのです。

▶ メディアアトリビューション

これは、私が使っているメディアアトリビューションのレポートの例です。このレポートに、「誰に」という人の属性に関する項目は出てきません。

メディアアトリビューションのレポート

メディア	金額		アトリビューションスコア		アトリビューションCPA	
集客手段	a) 出稿金額	b) ラストクリックCV数	c) クリックベース均等配分	d) ビュースルーベース均等配分	ラストクリックCPA (a/b)	クリックベース均等配分CPA (a/c)	ビュースルーベース均等配分CPA (a/d)

メディアごとにアトリビューション評価をおこなう

「いつ」という時間的な要素は、通常は1か月単位でレポートを作成しますが、これを日別に作成すればより細かく分析することが可能ですし、ある程度柔軟に対応することができます。

「どこで」は、どのデバイスで、どのエリアで、どのメディア（媒体）のどの枠でなどに関して、データを取得することが可能です（メディアによって異なる）。

「どんな内容で」は、どのようなクリエイティブを使ったかはわかっているので、トラッキングコードなどで識別できます。通常、検索連動型広告については、キーワード別にアトリビューション評価を行い、ディスプレイ広告についてはクリエイティブ別に評価をします。

「どのくらいの量を」も、当然ですが、出稿金額は把握していますし、第三者配信を使えばリーチやフリークエンシーもわかります。

「どんな効果が」は、アクセス数やコンバージョン数は当然、測っていますし、認知や好意度なども定期的な調査データで把握できます。

問題は、「誰に」という項目を、このレポートには入れることができないことです。その意味で、これまでのメディアアトリビューションは、致命的な問題を抱えていると言えます。「誰に」、あるいは、どんな属性の人に配信したら最も効果が良いのかがわからないからです。

▶ オーディエンスアトリビューション

しかしながら、先ほども書いたように、この問題点はDMPが解消してくれます。

オーディエンスアトリビューションのレポート

アトリビューションスコア表

	メディア1	メディア2	メディア3	メディア4	メディア5	メディア6	メディア7
セグメントA シナリオ1	123	211	32	621	117	110	43
セグメントA シナリオ2	111	607	901	93	321	75	55
セグメントA シナリオ3	345	725	897	459	778	155	67
セグメントB シナリオ1	31	819	123	407	730	412	39
セグメントB シナリオ2	22	12	47	299	118	555	41

メディア軸 / オーディエンス軸

オーディエンスセグメントごとにメディアの評価が異なる

DMPを活用することで、新規や既存、あるいはデモグラフィックデータや行動履歴データなどで細かくセグメントを分けてシナリオを作ってコミュニケーションをすることが可能になります。そのオーディエンス（人）の属性で切り出したセグメント別・シナリオ別にアトリビューション分析を実施しないと、次の有効なセグメントやシナリオを発見することができません。そのため、セグメント別・シナリオ別に分析するオーディエンスアトリビューションが必須になります。

　つまり、DMPの導入によって、アトリビューションはメディアアトリビューションからオーディエンスアトリビューションにステップアップしていくことになります。

▶ 測れなければマネジメントできない

　DMPとオーディエンスアトリビューションは、オンラインマーケティングを大きく変えていく予感がします。

　これまでのオンラインのマーケティングは、主にコンバージョン目的で行われていました。そして、そのコスト効率をCPAで判断し、CPAの目標基準を満たさないメディアへの出稿は削られて、基準を満たすものだけが残っていきました。その結果、コンバージョン数が伸び悩むという縮小最適化に陥ってきました。このやり方では、ある一定数のコンバージョンを獲得することはできても、戦略的にマーケットシェアの拡大などを行うことはできません。

　これは測り方に問題があるのです。コンバージョンという指標をKPIに定めて、そのコスト効率をラストクリックという非常に近視眼的なアクションだけで判断してきました。これが問題だったのです。なぜなら、ここには、長期的にマーケットシェアを拡大していく視点がまったく入っていないからです。

　それなら、測り方を変えればいいのです。そもそも、測れないものはマネジメントできないのです。今後は、測ってこなかったものを測るようにして、マネジメントしていけば良いのです。

▶ **コンバージョンまでの距離**

　DMPを導入してCRMや第三者配信と連携することで、オーディエンスの新規と既存を細かく分解して測定することが可能になります。そして、細かく分解したセグメント別にコンバージョンを測っていくと、コンバージョン率の高いセグメントと低いセグメントがわかります。

　ECサイトなどの場合、一般的に、既存会員や既存顧客などのセグメントはコンバージョン率が高くなる傾向があります。これは、リピート購入が含まれるからです。私はこれを、コンバージョンまでの距離が短いと表現しています。その反対に、コンバージョンまでの距離が長いセグメントがあります。一般的に、潜在顧客といわれるセグメントはコンバージョンまでの距離が長くなります。また、潜在顧客の中でも、そのセグメントによってコンバージョンまでの距離は変わってきます。

コンバージョンまでの距離と中間指標の有効性

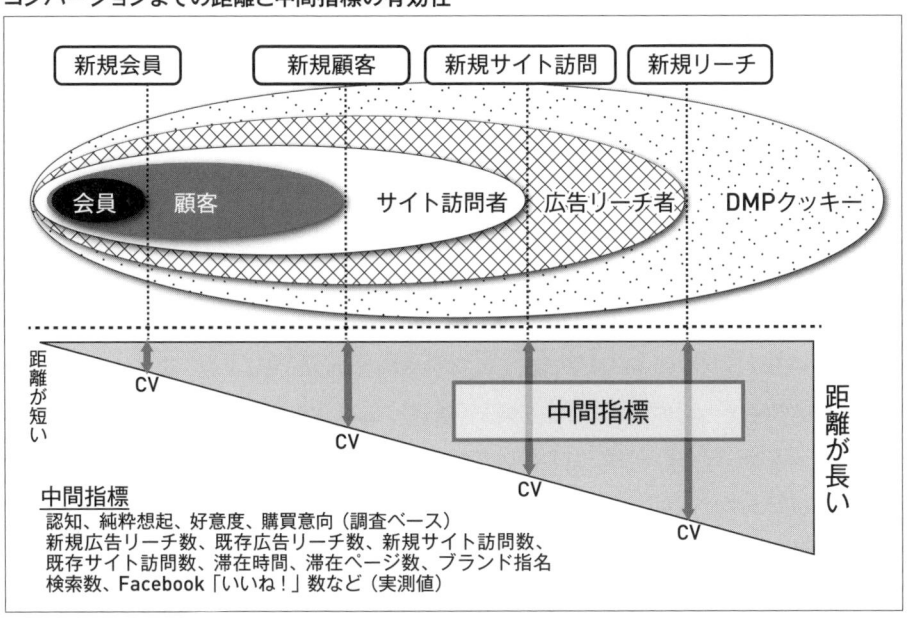

```
新規会員　　新規顧客　　新規サイト訪問　　新規リーチ

会員　顧客　　サイト訪問者　　広告リーチ者　　DMPクッキー

距離が短い　　　　　　　　　　　　　　　　　　　　距離が長い
　　CV
　　　　　　　CV
　　　　　　　　　　中間指標
　　　　　　　　　　　　　CV
　　　　　　　　　　　　　　　　CV

中間指標
認知、純粋想起、好意度、購買意向（調査ベース）
新規広告リーチ数、既存広告リーチ数、新規サイト訪問数、
既存サイト訪問数、滞在時間、滞在ページ数、ブランド指名
検索数、Facebook「いいね！」数など（実測値）
```

例えば、「過去1か月以内に広告主サイトの訪問履歴がある30代女性」と「過去1か月以内に広告主サイトの訪問がない30代女性」のセグメントを作ってコンバージョン率を比較すると、サイト訪問履歴のある方が高くなりやすく、コンバージョンまでの距離が短くなりやすいのです。

私はこのような傾向をクライアントに説明する際に、「コンバージョンの距離の三角形」という図を見せます。そしてこの距離が長くなるほど、コンバージョン以外のKPIを中間指標として設置し測定していくことが重要になるという話をしています。

▶ 中間指標の有効性

DMPを導入してCRMや第三者配信と連携することによって、新たに測定できる指標が増えます。その新たに測定できる指標と、これまでも測定できた指標の全てを中間指標の候補と考えます。

具体的には、オンラインで実測可能な、新規広告リーチ数、既存広告リーチ数、新規サイト訪問数、既存サイト訪問数、滞在時間、滞在ページ数、ブランド指名検索数、Facebook「いいね！」数などです。また、調査ベースで取得する、認知、純粋想起、好意度、購買意向などもみます。

コンバージョンまでの距離が短いセグメントはコンバージョンをKPIとして使っても良いのですが、距離が長くなるに連れて、中間指標の有効性が高まります。

コンバージョンだけでコスト効率をみていくと、コンバージョンの距離の長いセグメントへのリーチはほとんどが見合わない結果になります。では、そこへのアプローチを止めていいのでしょうか。それは戦略次第ですが、コンバージョンの距離の短い既存顧客だけを追い求めていてはマーケットシェアを拡大できないのは自明です。そこから脱却するには、コンバージョンまでの距離の長いセグメントに果敢に攻め込んでいかなければなりません。攻め込む際に必要なのが、DMPとオーディエンスアトリビューションなのです。

▶ ブランドの好意度を高める

マス広告やヤフーのブランドパネルなどの純広は、一度に大量のリーチが取れるのがメリットです。しかし、それは、全てのセグメントに画一的なメッセージを送りつけるという粗いコミュニケーションであり、そのため生活者を不快にさせたり、反感を買ってしまうリスクと背中合わせです。

それに対して、DMPを使ってセグメント別に行うコミュニケーションは、そのセグメントのニーズによりマッチしたメッセージを届けることができるようになります。つまり、セグメントのニーズをうまく把握することができれば、好感を得られる可能性が高まるということです。

DMPを有効に活用すれば、これまでの反感を買いかねないコミュニケーションから、好感を得やすいコミュニケーションにレベルアップできます。つまり、ブランドのファンをより多く作れるようにマネジメントできるのです。

好意度を上げてブランドのファンを増やすコミュニケーション

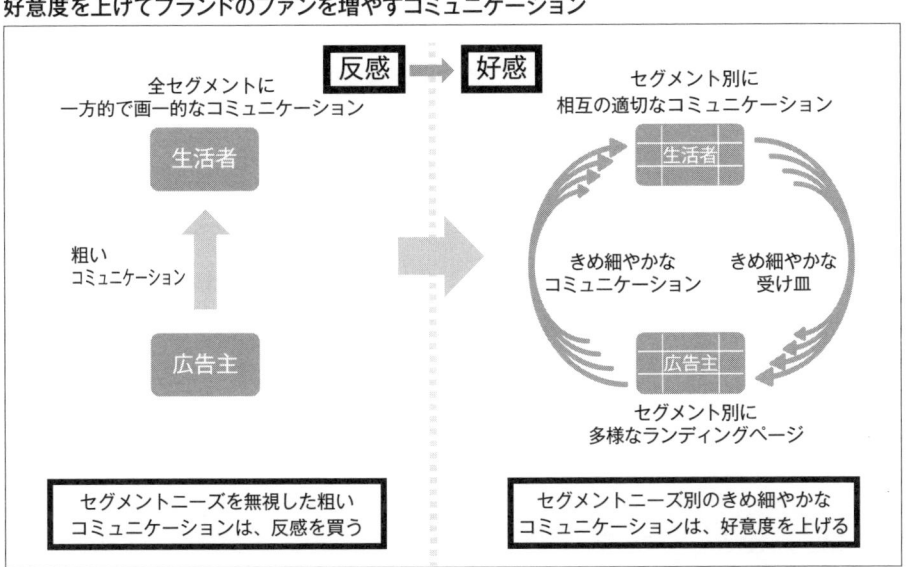

反感 → 好感

全セグメントに一方的で画一的なコミュニケーション
- 生活者
- 粗いコミュニケーション
- 広告主

セグメントニーズを無視した粗いコミュニケーションは、反感を買う

セグメント別に相互の適切なコミュニケーション
- 生活者
- きめ細やかなコミュニケーション
- きめ細やかな受け皿
- 広告主
- セグメント別に多様なランディングページ

セグメントニーズ別のきめ細やかなコミュニケーションは、好意度を上げる

このように考えると、中間指標の中で重視すべきは好意度であると私は考えています。好意度が高くなるように、さまざまな指標を計測しながら、マネジメントしていくことが大事です。

もちろん、認知や純粋想起、購買意向なども大事な指標ではあります。しかし、ブランドを認知していたとしても、あるいは最初に想起するブランドだったとしても、知っているけど好きではないという状態もあり得ます。みんなが知っている悪名高きブランドになっても意味がないのです。

購買意向については、そのブランドが好きであれば、ニーズが高まったときにそのブランドの商品を買いたくなる確率が上がるでしょう。つまり、購買意向を高めるには、そのブランドの好意度が高い方が良いと考えています。

▶ ブランドの好意度を測る中間指標

これは、好意度を中心にオンラインで実測可能な中間指標との関係をあらわしたものです。

中間指標とブランドのファンの関係

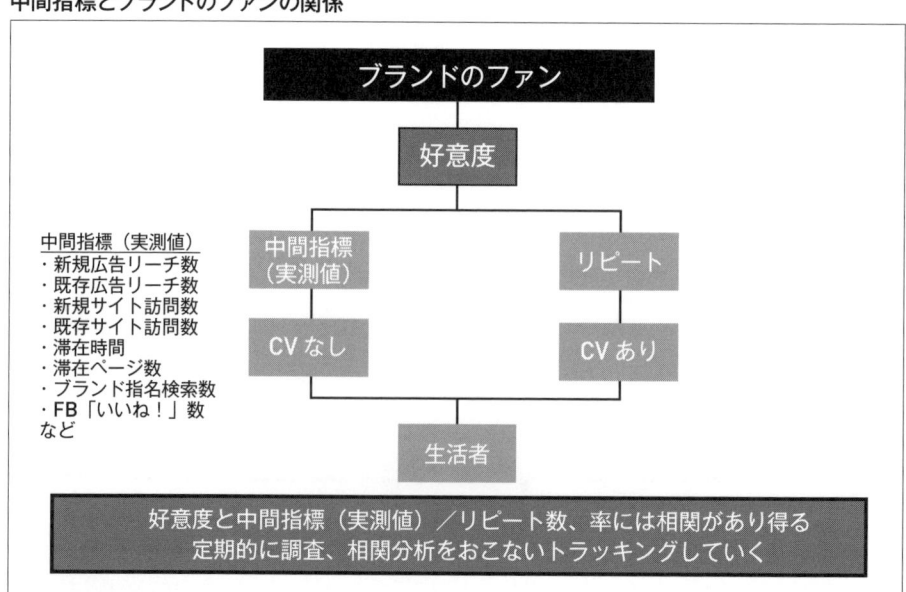

```
                    ブランドのファン
                          │
                        好意度
                          │
       ┌──────────────────┴──────────────┐
    中間指標                            リピート
    (実測値)                              │
       │                          ┌──────┴──────┐
     CV なし                    CV あり
       │                              │
       └──────────────┬───────────────┘
                    生活者
```

中間指標（実測値）
・新規広告リーチ数
・既存広告リーチ数
・新規サイト訪問数
・既存サイト訪問数
・滞在時間
・滞在ページ数
・ブランド指名検索数
・FB「いいね！」数
など

好意度と中間指標（実測値）／リピート数、率には相関があり得る
定期的に調査、相関分析をおこないトラッキングしていく

コンバージョンの距離が長いセグメントは、コンバージョンの数が少なく、コンバージョンだけをトラッキングしていても、広告が効いているのかどうかよくわからない状態です。そのようなセグメントの中には、年間を通じてコンバージョンがゼロという人も多く存在します。

　そこで、このコンバージョンがない人たちについては、実測可能なオンラインの中間指標でトラッキングしていきます。例えば、新規に広告がリーチした人の数が増えて、新規にサイトを訪問する人の数が増えている場合、その人たちはブランドに関する理解を深めて、気に入ってくれている可能性があります。ブランドを気に入ってくれていれば、自ずとサイトへの滞在時間も長くなる可能性があります。このような中間指標が好転すれば、ブランドの好意度が高まり、ブランドのファンの数も増えている可能性があります。

　つまり、好意度とオンラインで実測可能な中間指標の間には相関関係があり得るのです。ここが正の相関を示すように、セグメントを切り分け、そのニーズを把握し、適切なシナリオと適切なコミュニケーションを実施していかなければなりません。オンラインで実測可能な中間指標を測定してれば、マネジメントできるのです。

　コンバージョンの距離の短いセグメントについては、1回限りのコンバージョンだけで短期的に評価するのではダメです。繰り返しコンバージョンしてくれるように施策を打っていく必要があります。リピート数とリピート率を高めていくことが大事です。繰り返しリピートするということは、そのブランドが好きになっている可能性が高くなります。リピートと好意度にも正の相関があり得ます。

　このようにして、コンバージョンする人もしない人も、デモグラフィックや行動履歴などでセグメントを分けてシナリオを作り効果測定していきます。つまり、セグメント別・シナリオ別のオーディエンスアトリビューションを実施していくことで、ブランドの好意度を高め、ブランドのファンの数を増やしていくことができます。これは、顧客満足度の向上にもつながっていきます。

　要するに、DMPとオーディエンスアトリビューションを導入する

ことで、短期的なコンバージョンの追求だけでなく、少し長い視点でマーケットシェアを拡大していくことができるようになります。

　マーケットシェアを拡大していくには、新しい顧客を獲得していかなければなりません。そのためには、全てのステータスで新規を計測していくことが重要です。

　DMPとオーディエンスアトリビューションによって、全ステータスで新規を把握し、ステップアップさせていく施策を展開することができるようになります。

オーディエンスアトリビューションによるステータスの把握

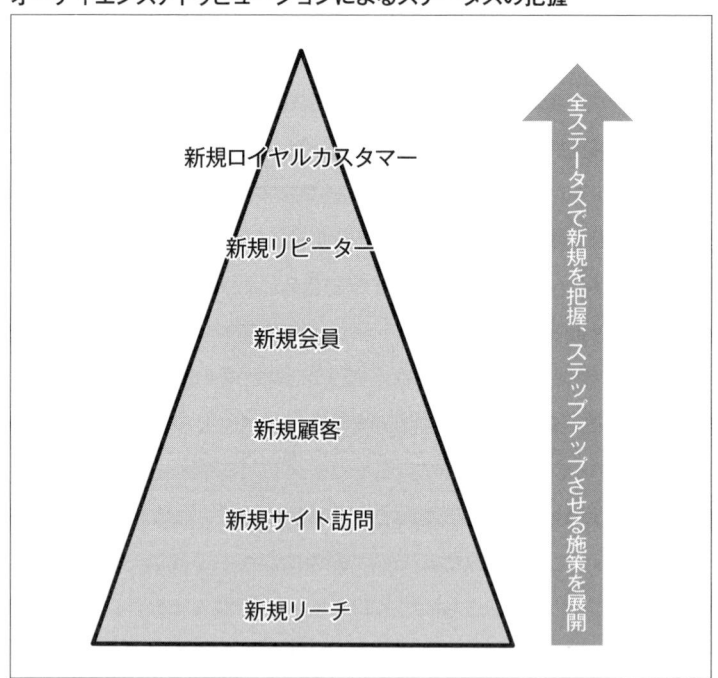

- 新規ロイヤルカスタマー
- 新規リピーター
- 新規会員
- 新規顧客
- 新規サイト訪問
- 新規リーチ

全ステータスで新規を把握、ステップアップさせる施策を展開

　DMPをコンバージョン目的だけに使うのは、もったいないです。コンバージョンしない人にもブランドを好きになってもらうために使うべきなのです。そして、オーディエンスアトリビューションを行い、新しいロイヤルカスタマーの数を増やしていくことで、顧客満足度も高めていくようにマネジメントしていくべきでしょう。

リアロケーション

　細かいセグメントに分けて分析を行った後は、それらを統合的に判断してメディアプランを再構築していきます。これを予算のリアロケーション（再配分）と呼びます。

　「分析（Analyze）」と「統合（Synthesize）」は対の概念で、非常に重要です。分析しただけでは何の意味もありません。分析したものを統合し、ソリューションに落とし込み、それを実行して初めて意味があります。

　アトリビューション分析の結果を統合するにあたって、分析結果をもとにシミュレーションを行います。そのシミュレーション結果をできる限り反映させながら予算のリアロケーションを行い、新しいメディアプランを実行に移します。「分析⇔統合」のプロセスを繰り返すことで、少しずつコンバージョンを増加させていくことができるようになります。

　単純なシミュレーションを行うと、同じ予算でコンバージョンが200％増加するという結果が出たりします。しかしながら、単純に効率のよいクリエイティブに予算を集中させると、フリークエンシーが増加し過ぎて逆に効率が悪化する状況に陥ることがあります。同じ広告に何度も触れると、ユーザー離れが起こることがあり得るのです。そのような点も勘案し、数値化してシミュレーションに反映させていきます。このようなシミュレーションの精緻化のプロセスも、分析結果をもとに統合的に行っていきます。

　さらに、広告在庫の問題があります。効率の高いメディアがあるからといって、全ての予算を消化するのに十分な広告在庫があるとは限りません。そのため、広告在庫という要素もシミュレーションする際の検討材料になります。

　そして、部署間の予算配分もあります。多くの企業の場合、ディスプレイ広告などは宣伝部で管轄し、検索連動型広告などは販促部で管

轄していることがあります。そして、それぞれ予算額が決まっていて簡単には変更できないケースがあります。その点も考慮して予算配分をしなければなりません。

さらに、複数の広告代理店が関与していることが多く、そこにはある種の政治的な判断も加わり予算が分配されていたりします。そうなってくると、アトリビューション分析の結果、効果が悪いと判断されたディスプレイ広告でも、簡単には予算削減ができないケースもあります。

よって、さまざまな点を統合的に検討してメディアプランを再構築すると、結果的に同一予算で20％の増加しか実現できなかったというようなことは頻繁に起こります。

このような「分析⇔統合」のプロセスを繰り返し行うことで、縮小最適化に陥らずに、少しずつコンバージョンを増加させていくことができるようになります。

オンラインのアトリビューションで大事なことは、この「分析」と「統合」を繰り返すPDCAを回し、ラストクリックの評価で陥ってしまう縮小最適化を回避しつつ、コンバージョンをできるだけ継続的に増加させていくオペレーションをしていくことです。

第5章：アトリビューション

オフラインアトリビューション

オンライン広告だけでなく、テレビCMや雑誌広告なども含めたオフラインアトリビューションについて、その基礎的な考え方を説明していきます。

オフラインアトリビューション

　私がオフラインアトリビューション関連の仕事に関わるようになったのは2004年からです。ネットの登場によって世の中に流通する情報の量が爆発的に増え、その結果テレビなど従来のマスメディアの価値が相対的に低下していました。生活者の意思決定プロセスとして、従来のAIDMAモデルに代わってAISASモデルが提唱されたのも、この頃です。

AIDMAの法則

| **A**ttention | **I**nterest | **D**esire | **M**emory | **A**ction |
| 注意 | 興味・関心 | 欲求 | 記憶 | 行動 |

AISASの法則

| **A**ttention | **I**nterest | **S**earch | **A**ction | **S**hare |
| 注意 | 興味・関心 | 検索 | 行動 | 共有 |

　2004年当時、私自身はOverture（オーバーチュア／現在はヤフーに吸収）で検索連動型広告の拡販に従事していました。そのため、ヤ

フーの検索データにアクセスできる立場にありました。そこで、総合広告代理店2社の協力を別々に得て、テレビCMの投下量と検索数の関係について調査するプロジェクトを企画し、約2年間かけて1万本ほどのテレビCMを対象に、テレビCMの中で紹介された商品のブランド名やコピー、関連キーワードについて検索数の日別推移を調べました。

　なぜ、このような調査を行ったのでしょうか。私の立場では、テレビCMに関連するキーワードで検索する人がたくさんいれば、テレビCMを打つタイミングで同時に検索連動型広告を出稿することで、広告主のサイトに効果的に生活者を誘導できると思ったからです。つまり、テレビCMのパワーに便乗して、検索連動型広告を利用する広告主が増加し、売上が上がることを狙っていたわけです。

　総合広告代理店2社が協力してくれた理由は、マス広告の価値、特にテレビの価値が低下していると言われるようになり、広告主のテレビCM離れが起こっていたからです。それに歯止めをかける方法を探していたのでしょう。つまり、テレビCMの効果をなんらかの形で示していく必要性に迫られていたのです。それができなければ総合広告代理店の売上も落ちていくことになります。

　実は広告主の立場からも、この調査は役に立ったようです。調査から7年ほど過ぎた頃に、プロジェクトに協力してもらった広告主の担当者とお酒を飲んだ時のことです。昔話に花が咲き、この調査プロジェクトの思い出について話が及んだ時に、その担当者が「実は、有園さんのお陰で昇進したんですよ」と話してくれたのです。

　調査プロジェクトの当時、その人はオンライン広告だけの予算権限をもつ課長レベルでした。そこから7年が経ち、マス広告とネット広告の両方の予算を統括する宣伝部長レベルに昇進していたのです。

　話によると、当時は「テレビCMなどマス広告の出稿は本当に効果があるのか」ということが、その企業では課題になっていたそうです。そして例の調査プロジェクトに協力し、その調査結果を社内で発表したところ、高く評価されたとのことでした。

　調査結果からは、マス広告の出稿がそれと関連するブランド名など

の検索数を伸ばし、その企業サイトへのアクセス数の上昇、コンバージョン数の上昇に寄与しているという事実がある程度明らかになりました。「テレビCMなどマス広告も目に見える効果がある」ということが社内で認識され、マス広告の予算削減を免れ、ネット側の施策と連携することの重要性が社内的に理解されたそうです。

それがきっかけとなり、その人はマス広告とネット広告の両方の仕事に関わるようになりました。結果的に両方の予算を全て任されるような立場になり、部長に昇進したということでした。

このように、「あのときの調査プロジェクトが役に立ちました」という話は、他の広告主からも聞かされたことがあります。当時、マス広告の価値が相対的に低下しているという認識が広まっていたため、広告主としてもマス広告の価値を再発見することに意味があったようです。

テレビCMの投下量と検索数の関係

もともとはテレビCMの投下量と検索数の相関を調べることから始まりましたが、その後、ラジオCM、新聞広告、雑誌広告、交通広告、屋外広告なども対象にした調査も経験しました。

おそらく、多くの人が目にしたことがあると思いますが、テレビCMや新聞広告、雑誌広告、交通広告、屋外広告などに検索ボックスを付けてキーワードを訴求するようになったのは、この総合広告代理店2社との共同調査がきっかけです。

その共同調査から、いくつかの条件が揃えば高い効果を発揮することがわかりました。逆に言うと、全てが高い効果を上げているわけではありませんでした。非常に効果が高い場合もあれば、残念ながら広告主が期待したほどは検索を誘発していないケースもありました。

つまり、マス広告に検索ボックスを付けただけで、簡単に高い効果を出せるというわけではありません。期待通りに高い効果を出すには、きちんとしたコミュニケーション設計が必要です。またテレビ

CMは検索を誘発することだけが目的ではないので、検索誘発数が少ないからといって、そのテレビCMの効果が悪いというわけではありません。

回帰分析で相関関係を導き出す

この調査で分析のために使った手法は、回帰分析です。回帰分析とは、簡単に言うと、テレビCMの投下量をx軸に、検索数をy軸にとって下図のような散布図を作ります。その散布図の中に最小二乗法（least squares method）という方法で、統計的に当てはまりのよい直線を引いていきます。直線なので、y＝ax＋bという一次関数で表現することができるようになります。この式の中で、yを目的変数、あるいは従属変数と呼び、xを説明変数、あるいは独立変数と呼びます。

回帰分析の散布図

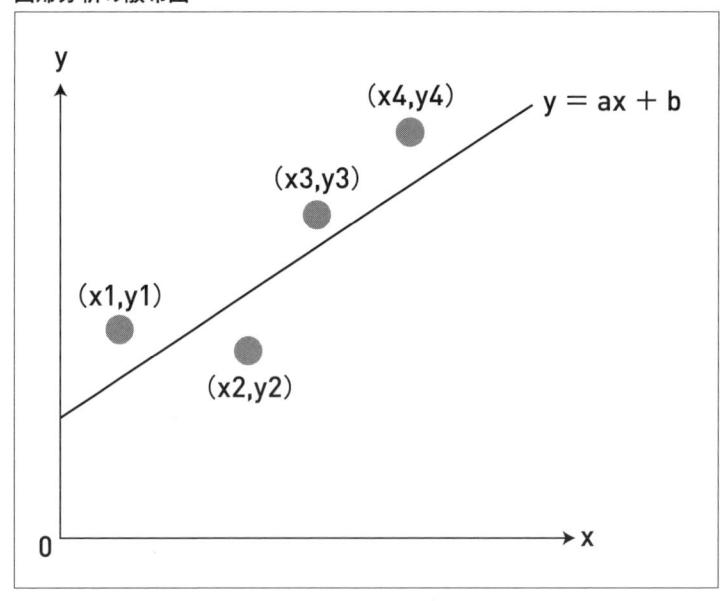

この直線が右肩上がりであれば正の相関がある、右肩下がりであれば負の相関があると言います。正の相関がある場合は、テレビCMの

投下量が増えれば増えるほど、検索数が増えることになります。負の相関がある場合は、テレビCMの投下量が増えれば増えるほど、検索数が減ることになります。

売上への貢献度

　このような相関分析の結果を広告主に報告すると、その反応は非常に好意的なものでした。その後、「テレビCMを打つとそれに関連するキーワードの検索数が増えて、結果的に、広告主のサイトへのアクセス数が増える」ということが理解されるようになりました。そして、検索ボックスをテレビCMに付与する手法が一気に普及していきました。

　ただ、しばらくすると「テレビCMの投下量と検索数が相関するのはいいが、その結果としてコンバージョン数や売上はどのくらい増加するのか」という質問を広告主から受けるようになってきました。

　このような課題に応えるため、広告主や広告代理店の協力を得て、コンバージョン数や売上のデータ、サイトのアクセス状況のデータ、および、広告出稿量のデータなどを提供してもらって調査し、広告出稿がコンバージョンや売上に与える貢献度を調査するようになりました。

シミュレーションで未来の売上を予測する

　この際に使う基本的な分析手法の中で押さえておくべきものは、重回帰分析です。先ほど、テレビCMの投下量と検索数の相関の例では、$y=ax+b$という式で表現できました。これは、説明変数（x）が1つなので単回帰分析と呼ばれることもあります。これに対して、説明変数が2つ以上ある場合を重回帰分析と呼び、次のような式で表現できます。

$$Y = b + a1X1 + a2X2 + \cdots\cdots + aiXi$$

たとえば、目的変数（Y）に売上をおき、説明変数（X）にテレビCMやラジオCM、新聞広告、雑誌広告、ディスプレイ広告、検索連動型広告などの投下量をあてはめることで、複数のメディアが売上にどのような影響を与えるか、その貢献度を統計的に算出することができます。

実際の分析では、広告出稿量以外にも売上に影響を与える要因があります。そのため、さまざまな要因を検討し、できる限りのデータを集めて分析を行います。例えば広告出稿以外の要素としては、自然検索流入や外部リンク流入などのアクセスデータ、キャンペーンやイベント情報、ブランド認知などブランド力関連データ、商品の価格変動、季節変動や曜日別の変動、競合他社の広告出向状況、競合他社の商品の価格変動などがあります。

このように、重回帰分析の式（重回帰式）を、さまざまな要素を加味しながら作成していくことをモデリングと言います。複数のモデルを作成しながら、最も統計的に最適なものを探していきます。

重回帰分析のモデリンググラフ

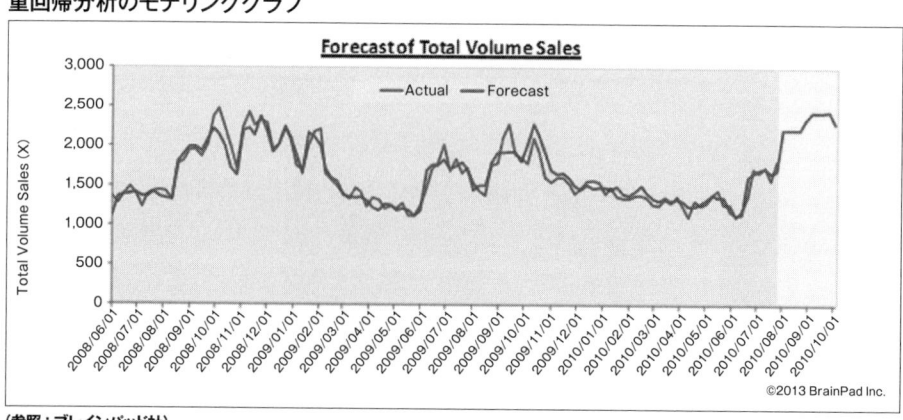

(参照：ブレインパッド社)

最も統計的に最適なモデルとは、例えば売上が目的変数だとすると、過去の売上推移の値とそのモデルを使って算出した売上推移の値が合致するケースです。ぴったりと合致することはありませんが、ほぼ同じ値が算出できるモデルができれば、そのモデルを使って未来のシミュレーションを行った場合も、ほぼ同じような値が算出できるはずです。つまり、未来の売上予測に使えると判断するわけです。

マーケティング構造の可視化

　未来のシミュレーションに使えるモデルができあがると、そのモデルを使って売上を最大化する広告出稿金額を算出することができます。また、一定予算内で売上を最大化するための広告予算配分をメディアごとに算出することができるようになります。
　さらに、重回帰分析の他によく使われる手法として、構造方程式モデリング（共分散構造分析）があります。これは、広告出稿やその他のさまざまな要素がそれぞれどのように影響しあっているかを統計的に把握し、最終的にレスポンスにどのように貢献しているかを構造的に可視化するものです。

マーケティング構造の可視化

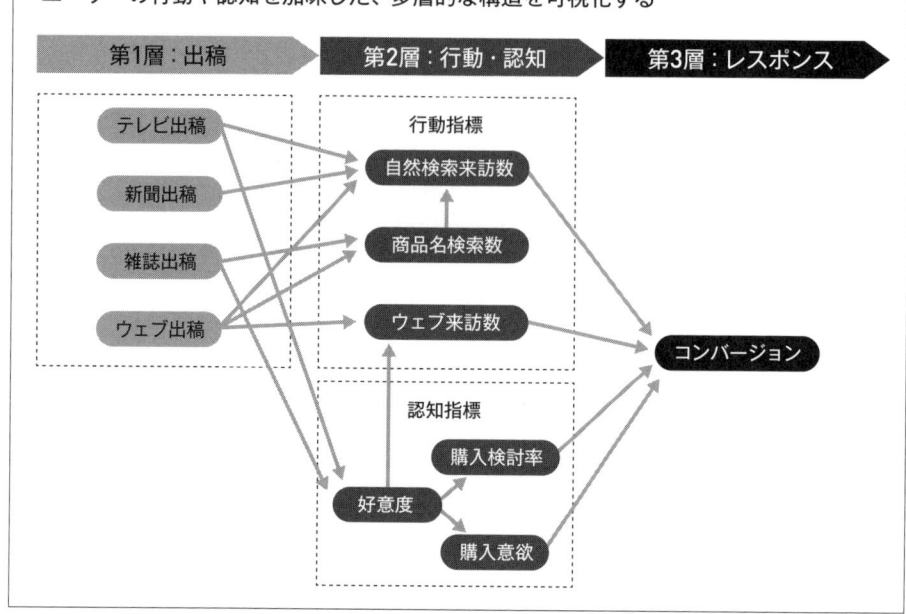

単純な出稿とレスポンスの関係だけでなく、「ウェブ検索」や「サイト訪問」といったユーザーの行動や認知を加味した、多層的な構造を可視化する

第1層：出稿 → **第2層：行動・認知** → **第3層：レスポンス**

- 第1層：出稿
  - テレビ出稿
  - 新聞出稿
  - 雑誌出稿
  - ウェブ出稿
- 第2層：行動・認知
  - 行動指標
    - 自然検索来訪数
    - 商品名検索数
    - ウェブ来訪数
  - 認知指標
    - 好意度
    - 購入検討率
    - 購入意欲
- 第3層：レスポンス
  - コンバージョン

　売上を伸ばすためにはどの要素を上げるべきか、つまりどのメディアの出稿量を増やすことが重要なのかが、構造的に把握することでわかるようになります。

　例えば、売上に対して最も重要な要素は認知系指標の中の非助成第一想起*1であり、それを上げるためにはテレビCMの投下が一番有効である、といったことなどです。あるいは、認知よりも好意度の方が重要で、それを上げるためにはテレビCMにあわせて雑誌広告をもっと増やした方が良い、といったことを統計的に理解できるようになります。

　また、リアル店舗への送客が目的の場合には、広告主サイトの中でどのページのアクセス数が増えると店舗来店数が増加するかなどもわかります。

　これまで自動車メーカーなどは、ディーラー店舗検索や試乗予約な

*1 非助成想起とは、生活者がブランド名を記憶していて、手掛かりなしに挙げられる比率。第一想起とは、一番目に思いだされること。

どをコンバージョンポイントにしてマーケティングを行っていることが多々ありました。しかしながら、構造方程式モデリングによって可視化すると、実際には車種紹介ページのアクセスが増えたときに店舗来店数が増加するという構造が明らかになりました。そのため、マーケティングの誘導先も変更するケースが出てきています。また携帯キャリアのサイトでは、携帯端末の紹介ページと店舗来店数の相関が高いことがわかり、それを活かしてマーケティング戦略を構築している企業もあります。

広告投資効率の比較

そして、ここまで紹介した手法を用いる際に投資回収曲線を加味することで、より精度が高く未来に対するシミュレーションを行うことができます。

投資回収曲線

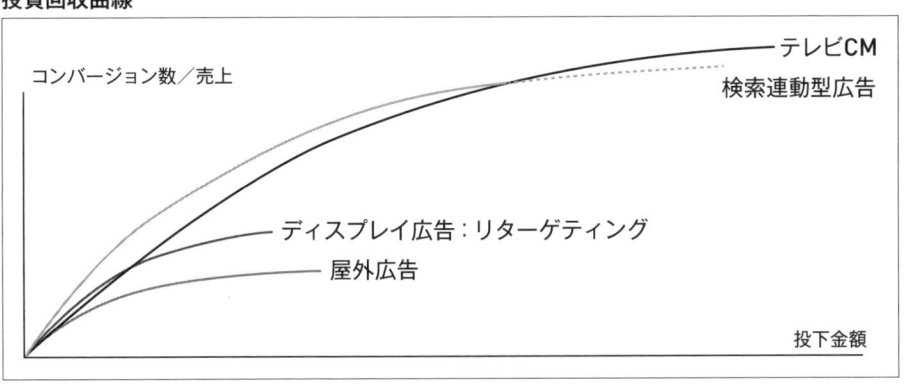

縦軸にコンバージョン数や売上をとり、横軸に各メディアの投下金額をとってグラフにすると面白いことが見えてきます。

例えば、ネット上で商品購入などが完了するECサイトなどに多いのですが、投下金額が比較的少ないうちは、テレビCMよりも検索連動型広告の方が高い投資効率になりますが、ある一定金額を超える

と、図のようにテレビCMの方が高くなってきます。

　検索連動型広告は、刈り取り型の広告と言われます。今そこにある顕在化したニーズを刈り取るのには適しており、比較的少ない金額でできます。しかし、顕在化したニーズをほぼ刈り取ってしまうと、その後は金額を増やしていくにつれて刈り取り効率が下がってしまいます。その時点からさらに売上を伸ばしていくためには、検索連動型広告やディスプレイ広告などよりも、テレビCMの方が効率のよい場合があります。

　私の経験では、デジタルマーケティング偏重型の広告主にこのようなケースが多いように感じています。簡単に言えば、認知が不足しているのです。特に、非助成第一想起が不足している場合は、ブランド認知を高めていくことが必要です。やや長期的な視点に立って、刈り取り型以外のマーケティング施策を行っていくことが大事になります。それは、テレビCMなどのマス広告もありますし、イベントなどの企画や戦略PR、YouTubeなどの動画、SNSなども含まれます。刈り取り効率だけを追求していると、一定の規模以上に売上が伸びないことは確かでしょう。

第6章

賢人に聞く

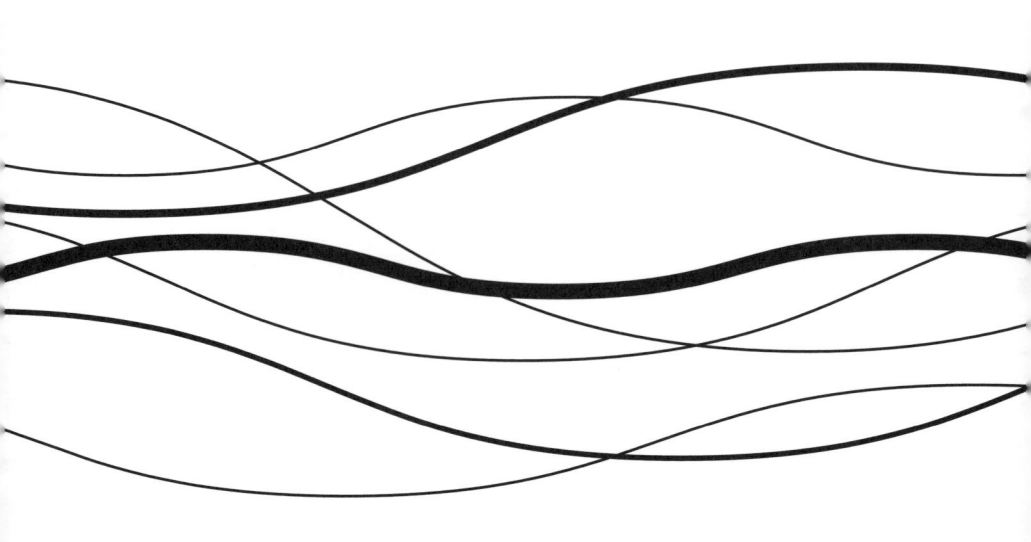

スマートフォンやタブレットなどのデバイスの普及に伴い、デジタルシフトが進んでいます。そして、生活者と企業のコミュニケーションの担い手として重要な役割を果たしてきた広告代理店は大きな変化を迫られています。デジタル時代に生き残っていくために、広告人やマーケターはどのようなスキルを身につけていけばいいのか、その道筋を賢人に伺います。

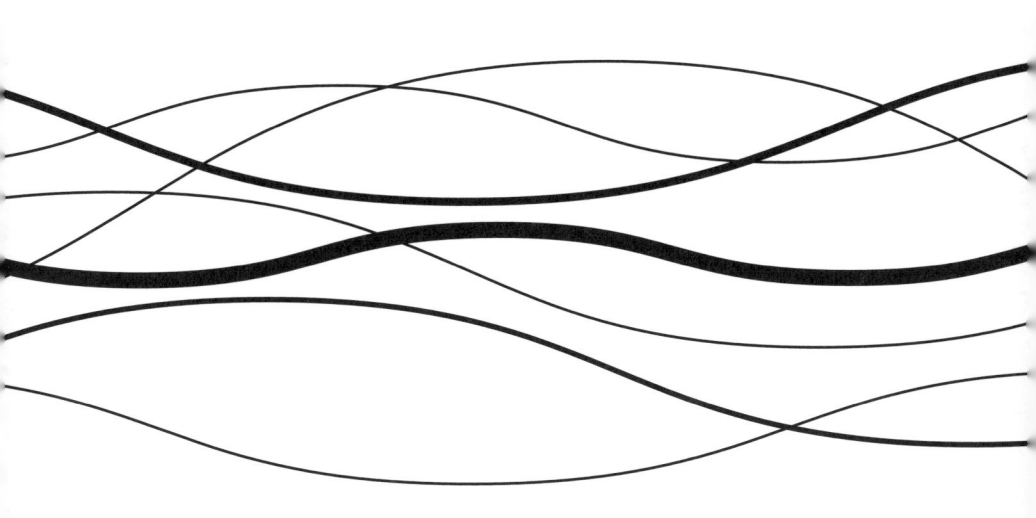

第6章：賢人に聞く

広告人は変われるか

スマートデバイスの普及や通信環境の向上により、生活者の環境は大きくデジタルシフトしています。それに伴い、広告代理店は大きな変化を迫られています。その現状と今後の道筋について、日本のネット広告業界に黎明期から携わってきた横山隆治氏と本書の著者で鼎談を行いました。

株式会社デジタルインテリジェンス
代表取締役
横山隆治氏
よこやまりゅうじ

デジタルマーケティングは
「デジタル」に閉じていてはいけない

菅原 今回の鼎談の主旨は「広告人」ですが、まずはデジタルマーケティングの定義を今一度確認しておきましょう。横山さんもご自身のブログ（http://g-yokai.com/）でも書かれていますが、その定義はかなり広いですよね。デジタルマーケティングは決して広告領域だけの話ではありません。

横山 おおざっぱな捉え方ではありますが、伝統的な広告代理店ではデジタルではない広告をやっているという認識を自他ともに持っているでしょう。そもそもデジタルマーケティングという言葉自体が不思議です。マーケティングという言葉は、広告を含むもっと大きな概念なのに、デジタルの世界と、そうでない世界に分かれているという認識を持っている人がいます。

デジタルマーケティングはネットの世界を最適化するだけの話では

ありません。これまで総合広告代理店がマス広告でのコミュニケーション開発などで培ってきた知見以上のことが、デジタル施策を行うことでわかるようになります。

「データからインテリジェンスを」と私はよく言っているのですが、デジタル施策を行うことで得られるデータから情報を抽出して、マスやリアルを含めたマーケティング全体を改善し、最適化する試みのことをデジタルマーケティングと定義しています。

ネット広告代理店だけでなく、総合広告代理店の広告人も、まずは日頃自分たちが携わっている仕事にデジタルの情報をいかに取り込むかという視点を持つべきです。

デジタルマーケティングの概念図

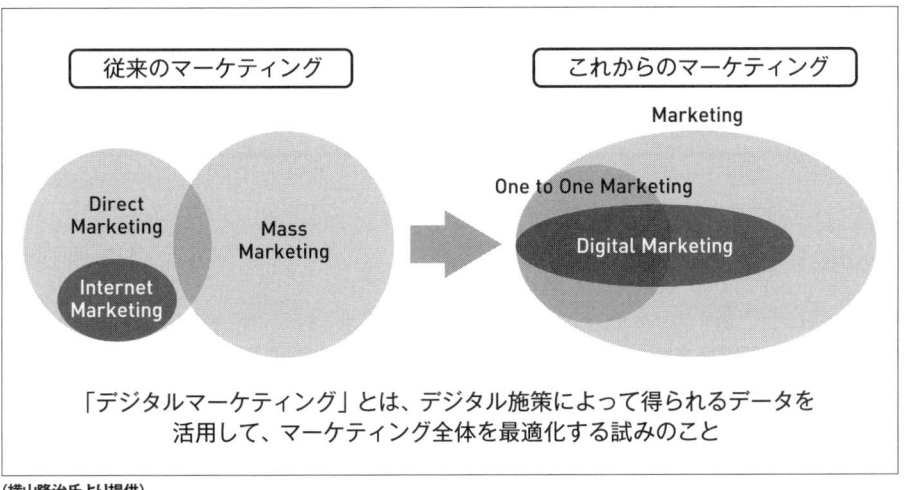

| 従来のマーケティング | これからのマーケティング |

Direct Marketing / Mass Marketing / Internet Marketing → Marketing / One to One Marketing / Digital Marketing

「デジタルマーケティング」とは、デジタル施策によって得られるデータを活用して、マーケティング全体を最適化する試みのこと

(横山隆治氏より提供)

菅原 「デジタルマーケティングをやりましょう」「デジタルな広告をやりましょう」ということではなく、マーケティング活動の中心にデジタルを置くイメージですね。すると、新たな発見がたくさん出てくるということです。

昔はマスマーケティングとダイレクトマーケティングが別々にあって、ダイレクトマーケティングの一部分にネットマーケティングがあるという認識でした。これからのマーケティングは中心にデジタルマーケティングを置きます。つまり、デジタル施策によって抽出した情報をもとに、広告を含めたマーケティング全体を改善していくということです。

横山 そもそもデジタルマーケティングは、「デジタル」に閉じていてはいけません。今日において、デジタルな世界に影響を受けないマーケティングはあり得ません。マス広告に従事している人も、ダイレクトマーケティングに携わっている人も、いわゆるクリエイティブ開発を行っている人たちにとっても、デジタル環境に対応せざるを得なくなっています。

経験と勘による知見を
データとテクノロジーで裏付ける

有園 デジタルマーケティングにおける「デジタル」とは、データということでしょうか？

横山 データは大きな要素ですが、必ずしもデータということではなく、テクノロジーを含めた知見といったところでしょうか。これまで広告人は、自身の経験と勘によって施策を行ってきました。もちろん、経験と勘が全く当たらないわけではありません。ただ、それが本当に正解なのか、外れた時に何が問題だったのかを知るために、データで可視化するデータマーケティングの考え方が出てきました。その潮流の真っただ中に、デジタルマーケティングの考え方があります。

有園 これまでも総合広告代理店では、それなりにデータを集めて、広告主のブランディングや広告施策を支援してきましたが、それはデジタル施策で得られるデータの活用とは何が異なるのでしょうか。

横山 これまでのマスマーケティングはグループインタビューなどの意識調査のデータに基づいて行われてきました。それをベースとし

て、コミュニケーション開発、クリエイティブ開発、商品開発が行われてきました。

　それが今日では、行動データが得られるようになりました。意識調査から仮説立てするだけでなく、意識調査のデータを行動データとマージすることで、消費者インサイト*1が飛躍的にわかるようになってきます。

*1 消費者インサイトとは、消費者の行動や態度の奥底にある本音を見抜くこと。

意見を聞くマーケティングから、行動を捕捉するマーケティングへ

菅原　これまでは、どのメディアに広告を出稿するかという話でしたが、デジタルになると出稿先を決める前に、どのチャネルにどんなオーディエンスがいるのかを意識するようになります。つまり、マーケティングの中にデジタルを組み込むことで、情報の受け取り手のデータが見えてきます。

　例えば、順調に広告収入を伸ばしているFacebookは、まさに人の情報の塊のようなものです。人の情報がわかれば、自ずとどんな人にどのような商品が合うのかが見えてきます。そうなってくると、その先にある出稿すべきチャネルが決めやすくなります。

有園　それは先ほど横山さんがおっしゃった行動データのことですよね。そこから消費者インサイトを導き出すことができるということですね。

横山　意識と行動、両方わかるのが面白い点です。意識調査のために、しばしばグループインタビューが行われますが、そこに参加した人たちがその場で答えた通りに行動するかというと、実際はそうではありません。行動と意識は違うのです。

　また、グループインタビューでは、必ず意見をリードする人がいて、その人に迎合してしまう人がいることも事実です。そういった意味では、意識調査においては他人に影響されないように、1対1でしっかりと意見を聞くような定性調査を行う重要性が、今だからこそ

逆に高まっているように思います。しっかりと定性調査をして仮説立てを行い、そしてビッグデータを活用して全数で実証してみるといったところでしょうか。

行動データからの気付きがマーケティングを変える

横山 意識と行動という観点から話をすると、意識調査からは導き出せない事実を、行動データから読み取ることができます。そこから新しいマーケティングができるのではないかと私はとても期待しています。

　ネット広告を専門としてきた広告人は、行動データだけを見ています。生活者にどのような意識変容があってそのような行動に至ったのか、彼らはあまりわかっていないでしょう。一方でマスマーケティングに携わってきた人たちは、意識ベースで考える習慣があり、生活者の態度変容についての知見はあるものの、行動データを読み取ることには慣れていません。そこで両者が上手にそれぞれの知見をマージできれば、新しいデジタルマーケティングの領域に行くことができるはずです。

ホームランバッターとバント名人

横山 今や、データに基づいて仮説を検証し、パフォーマンスや反応を見つつPDCAを回しながらコミュニケーション開発を行っていく時代になっています。そのスキルを身につけているのは、ネット広告代理店の人たちでしょう。一方で、これまで、コミュニケーション開発の知見を蓄え、本当のクリエイティブを作ってきたのは総合広告代理店です。

　双方を野球に例えると、マスマーケティングを担う総合広告代理店の人たちは、バットを振り回すホームランバッター。三振かホームラ

株式会社デジタルインテリジェンス 代表取締役
横山隆治氏

ンかのどちらかで、たとえホームランが出ても、なぜその球が打てたのかは検証されません。一方でネット広告代理店で経験を積んできた人たちは、精密機械のようにバントを繰り返す職人タイプに例えることができるでしょう。

両者は全く違うタイプですが、お互いの良いところを組み合わせていくことで、正しいマーケティングができるようになるはずです。

データを活用した仮説立て

横山 ここで、デジタルマーケティングにおける基本的なDMP（Data Management Platform）の2つの目的に触れておきましょう。

1つは広告配信に活かすこと、もう1つはDMPによって得られるオーディエンスデータを活用し、商品開発やコミュニケーション開発につながるような消費者インサイトを見つけ出すことです。広告領域だけでなく、ゆくゆくは事業全体の最適化にまで、マーケティングテクノロジーは貢献していきます。

消費者インサイトというと、これまでは広告主側のマーケターや広告代理店の戦略マーケターが、グループインタビューや意識調査などのデータをもとに仮説立てを行い、それに基づいてコミュニケーションプランニングが行われてきました。それはある種の言い切り型で、その経験と勘に基づいて出された仮説が本当に正しかったのかは、実は何も実証されていません。それなりにアウトプットが出て、世の中が動き、モノが売れたとしても、その仮説が本当に的を射ていたのかは、よくわからないままでした。

それが今では、DMPや第三者配信を活用することで、生活者のカ

スタマージャーニー*2を追い、アクセスログで人間観察ができる時代になりました。意識調査データ、購入履歴データ、行動データを組み合わせて見ることができれば、個人の経験と勘に基づく仮説立てをする言い切り型のマーケターではなくて、文脈発見型のマーケターになることができます。

　データから文脈を発見するためには、自身で運用型広告のオペレーションができなければ難しいでしょう。人に指示するだけでなく、自ら手足を動かせる人こそが、今後の新しい時代のマーケターの典型的な1つの姿と言えます。

*2 カスタマージャーニーとは、ユーザーの行動文脈を旅（ジャーニー）に見立てたプロセスのこと。

データだけでは新しい価値の提案はできない

菅原　ネット広告において、クリエイティブの課題はまだまだあります。

横山　メディアやオーディエンスの最適化、そこまでの発想・構想はできています。さらにその先にある、最後に残った大きな改善点がクリエイティブです。改めて総合広告代理店の人たちに問いかけるとすると、そこに生き残る最後のチャンスがあるということです。

有園　例えば、AのバナーとBのバナーのそれぞれの効果をA／Bテストで検証すると、どちらのバナーの効果が良いかはわかります。しかし、効果を検証し最適化はできるものの、コンセプトに基づいてどのようなクリエイティブを作るべきかはわからないということです。

横山　データとして出てくるものは、現状の後追いでしかありません。データだけでは、新しい価値の提案はできないという見方もできるでしょう。本当に新しい価値の提案ができるのは、Appleなどの数社に限られると思います。だからこそ、データから文脈を読み取り、そこから新しい提案を生みだすのがクリエイターの才覚でしょう。

変わらざるを得ない総合広告代理店の業態

横山 過去100年くらいの歴史の中で、総合広告代理店の当初の仕事はスペースブローカーでした。新聞の枠を売る権利を持っていて、それを売り歩いていたということです。その新聞の枠を売るために、三行程度の広告文を書くところからコピーライティングが始まりました。

そして売る広告の枠がテレビになると、テレビCMを作るクリエイティブ制作、テレビCMを作るための調査を行う部署など、枠を売るために周辺のソフトサービスが展開されていき、その結果として今の総合広告代理店の形ができました。

しかし、「枠から人へ」という観点から言うと、このような総合広告代理店の業態は、変わらざるを得ないでしょう。マスメディアの広告枠を売るための構造に、企業の仕組みがなってしまっているのですから。

菅原 マスメディアの枠を売ることを最適化の基準として、組織が成立しているんですね。

横山 ですので、そもそも広告主の新しいニーズに対応できるか否かは、企業の仕組みという点からも難しいところがあります。

菅原 これまでとても素晴らしい広告を生みだしてきた人たちがいる一方で、ビジネスの源泉はメディアの買い付けにある、これはある意味、不思議なことですよね。本来であれば、今まで以上にデータをもとに仮説を立て、広告のクリエイティブを作り、また広告だけでなくコンテンツも一緒に生みだしたり……その部分を商売にすればいいと思うのですが。

横山 既存の企業の業態や規模を維持しようとするから、難しくなるのでしょう。「メディアの枠を売る」という、これまで築いてきたビジネスモデルを否定することができずに、それを守りながら世の中の流れに対応しようとするので、自己矛盾を起こしてしまうのでしょう。

Supership株式会社 広告事業本部
デジタルエージェンシー事業部 事業部長
菅原健一氏

菅原 海外ではメディアエージェンシーやクリエイティブエージェンシー、デジタルエージェンシーと、かなり細かく役割が分かれていますよね。

横山 例えば、WPPグループはフォードに対してTeam Detroitを作っています。ホールディングス内外でエキスパートをよりすぐってメンバーを集め、「ビスポーク・エージェンシー」と呼ばれる混成チームを結成しているのです（http://g-yokai.com/2013/10/post-323.php）。

このことからも、今や1つの広告代理店だけで、広告主のマーケティング課題を解決できる時代ではなくなっていることがわかるでしょう。現実的に1つの広告代理店の中でワンストップで広告主の課題を解決できないからこそ、さまざまなところからエキスパートを集めて、ベストなチームを組むという体制になってきています。

選択できない広告主

菅原 デジタルの施策は、テレビCMの絵コンテのように、クリエイティブの良し悪しだけでは、判断できません。

横山 デジタルは色んな要素があります。アイデアとしては斬新でも、エグゼキューション、すなわち本当に実行できるのかという視点が重要です。

ただ、広告主側は、実現性などを見極めて選ぶスキルをまだ身につけられていません。自社のトーン＆マナー、マーケティング課題をパートナーに理解してもらうためには、最低でも1年は付き合わないと難しいでしょう。そもそもデジタルマーケティングのエキスパートはたくさんはいません。パートナーとして広告代理店を選ぶとして

も、その広告代理店の誰にやってほしいのかを指名する必要があります。

　2013年1月のブログ「2013年広告業界予測〜7つの出来事を予測する〜」(http://g-yokai.com/2013/01/2013.php)にも書きましたが、「どこに頼むか」から「誰に頼むか」が鮮明に結果に表れてきます。広告主は、誰に頼みたいのかを指名できるように情報を集めて、自社のパートナーとして囲い込めた企業が勝つでしょう。

メディアプランニングから
オーディエンスプランニングへ

横山　前に有園さんと行った「アトリビューション特別対談」(http://www.attribution.jp/000198.html)でも、オーディエンスプランニングについて話しましたが、今は広告枠ではなくオーディエンスデータを活用してプランニングをする時代になりました。つまり、誰にどのようなコミュニケーションをするかということです。

　その際に最も問題になるのは、広告主のそもそものユーザープロファイルが頭に入っていなければ、ブランディングができなくなるという点です。これまで広告代理店は、メディア枠の情報を持っていればビジネスが成り立っていましたが、これから状況は大きく変わります。

菅原　メディア軸で考えると、面白いですよね。例えば、かつて新聞は誰もが読んでいました。そしてそこに載っている情報の量は限られていて、読者は多様化されていませんでした。それがテレビの時代になってくると、「チャンネル×時間軸」という視点から、視聴時間帯によってコンテンツの種類が増えましたが、それでもチャンネル数が限られていることもあり、多様化はそれほどは進みませんでした。

　それがネットの時代になると、メディアの数も膨大に増え、もの凄く細分化されました。かつては大多数の人の好きな芸能人や趣味はほぼ同じでしたが、今はバラバラに細分化しています。それに伴い、人

それぞれにきちんと適したものを勧めなければ、企業から生活者へメッセージは伝わらなくなってきています。大事なのは、自社の商品はどんな人に合っているのかを考えることです。セグメントがますます細かくなっていくからこそ、逆に合致する人たちにはメッセージが強く響くのです。

横山 メディア軸でのプランニングは、時代に合わなくなってきています。人軸、モノ軸、ブランドのプロファイルといった切り口から、コミュニケーションのプランニングをしていくべきです。ただ、現状では広告代理店の人間はその訓練をしているわけではありません。広告主のマーケターは、オーディエンスデータのプランニングを知見のない広告代理店に任せるでしょうか。そこを手伝えるかどうかが、広告代理店は問われているのです。

ほしがっている人に広告を出す

菅原 広告主は、自社商品を誰のために作っているのか、そのペルソナはある程度はっきりしていますよね。

横山 これまでも広告代理店は、クリエイティブやコミュニケーション開発に際して、ユーザープロファイルの知見をためてきました。一方で広告主は、商品開発や流通など全ての事業部にわたって、自社の顧客のペルソナを詳細に考えてきました。広告代理店は広告・販促の領域でしか広告主の顧客ペルソナを見てこなかったので、その点に関しては広告主のほうが広告代理店よりも多くの知見を持っているでしょう。

　インフォシークを始めたばかりの頃に、某企業のペットフードを担当していた後輩にネット広告を使わないかと話を持ちかけたことがありました。すると、「ペットフードはターゲットが50代の女性で、その人たちはネットはやりません」と彼は答えました。50代の女性かどうかが問題なのではなく、「ペットフード」と検索する人がターゲットです。これは十何年も前のことですが、とても象徴的な話です。

菅原 作り上げた顧客のペルソナに固執するのではなく、ほしがっている人に広告を出すべきですよね。

デモグラフィックは間接的なターゲティング

横山 昔から、間接的なターゲティングはありましたが、実はデモグラフィック*3も基本的にはその1つです。基本的なメディアの情報は、性別、年齢、視聴層などのデモグラフィック情報に分類されています。それはすなわち、どのメディアに出稿すればいいのか、選びやすいように広告主側のプロファイルを合わせているのです。これがデモグラフィックの基本的な考え方です。

本来であれば、メディアの選定基準となるデモグラフィックに基づくプロファイルとは別に、サイコグラフィカルなユーザープロファイルをきちんと作るべきです。広告を出すメディアを選定するための指標に合わせて、わざわざプロファイル情報を作ることが当たり前になってしまいましたが、実はすごく間接的なのです。

有園 メディアという言葉自体が、「媒体」、すなわち間接的という意味ですよね。かつてはメディアを通してしかオーディエンスにターゲティングできなかったので、間接的にデモグラフィックを作っていたということですよね。

それが、DMPなどが出てくることによって、オーディエンスに企業が自らターゲティングできるようになりました。間接的ではなく、ダイレクトにターゲティングができるようになったということです。「メディアプランニングは間接的なプランニング」、これはとても大事な視点です。

*3 デモグラフィックとは、生活者を性、年齢、職業、既婚・未婚、収入などの個人情報をベースにセグメントするもの。

アタラ合同会社 取締役 COO
有園雄一氏

横山 間接的だという認識がなければ、ダイレクトにつながっていないのに、メディアを通して直接的にターゲティングしていると思い込んでしまいます。企業と生活者の間にメディアがあり、双方の歯車が合わないまま、実はプランニングしている危険性があり得るのです。

菅原 広告主の思惑と最終的な出口では、伝言ゲームのようにまったく違うものになっていそうですね。メディアが細分化されている今日では、各メディアをデモグラフィックの指標で評価するところから間違っているのかもしれません。

横山 日本の企業のトップは、まだマーケティングを信じていないのかもしれません。つまり、宗教としては信じているかもしれませんが、科学としてマーケティングを信じていないのが、人やお金の使い方に表れているように思います。

2013年9月にニューヨークで開催されたプログラマティックI／Oでは、「アトリビューションは財務用語」（http://g-yokai.com/2013/10/post-322.php）という話が出てきたそうです。

アトリビューションをどう解釈するかという点はありますが、「配分の最適化をどうするか」という概念だとすると、それは当然、広告・販促領域にとどまるものではありません。労務・生産・流通・物流など全ての事業要素を、アトリビューションで管理して、PL（損益計算書）を最適化し、財務諸表に反映していくのがアトリビューションということです。

この考え方はとても重要です。「広告のアトリビューション」だと、企業のトップにとって、それは宣伝部長の仕事という認識でしょう。自分が認知する必要のないことだと思っています。しかしマーケティングは投資なので、上手にやれば売上が倍になる可能性があります。機会損失を出すことがリスクという考え方は、日本の経営者には薄いですが、マーケティングは事業戦略そのものです。そのようなマインドが働けば、まさにデータマーケティングやアトリビューションは、事業戦略そのものに結び付き、大きなインパクトを与えると経営者も理解できるでしょう。

有園 テレビCM予算を含めて、年間25億円程度の宣伝予算を使っている某企業のアトリビューションプロジェクトに携わったことがあります。そして、アトリビューション分析をした結果、40億円の予算を投じれば、売上が倍になるという結果が出ました。プレゼンテーションの聞き手は、その企業の経営者でした。このくらいの規模の企業では、横山さんが話されたことが、少しずつですが実現できるようになってきているようです。

オーディエンスデータはマーケティングの通貨たり得るか

横山 おそらく、今後も枠モノの広告は残ります。全てがDSPなどを使って、オーディエンスターゲティングのみでバイイングできるわけではないでしょう。しかし、これからは枠モノもオーディエンスデータで評価される時代になります。

「オーディエンスデータはマーケティングの通貨たり得るか」と、アドテック東京2013のパネルディスカッション「最先端アドテクノロジーから読むマーケティングデータ分析」（http://markezine.jp/article/detail/18510）でも話しましたが、この感覚は広告代理店にとっても必要になってくるでしょう。

菅原 デモグラフィックではなく、オーディエンスの質で評価するようになるということですね。広告に対してポジティブなのか、ネガティブなのか、そこで評価するようになってくるように思います。

横山 総合広告代理店は、それらを作るノウハウを持っています。単純な調査だけでなく、より切り込んだクラスター分析を思考する知見を総合広告代理店は蓄えてきたので、それをいかに応用していくかが肝でしょう。クラスター分析やセグメントによって生活者をどう分解するか、その知見においては彼らは長けています。加えて、しっかりとしたコミュニケーション文脈に基づいてクリエイティブを創作すること、この2点において圧倒的な知見をもっています。ここに、オー

ディエンスデータが通貨になり得る時代に、すなわちデータマーケティングの時代に、総合広告代理店が生き残っていく勝機を見出すべきでしょう。

　広告主にとって、欲しいオーディエンスは非常にセグメントされています。広告主にとって大切なのは、自社商品に興味・関心のある人。そして次に重要なのは、関心があって買えない人ではなく、買えるけれども今は関心を持っていない人です。

菅原　その人たちの気持ちをどう変えていくかですよね。

横山　これをテレビ視聴率の話に応用してみましょう。リーチ100％に近づけるのがテレビですが、テレビ視聴者のオーディエンスデータがわかるようになれば、テレビの視聴者の約7割はまったく自社のターゲットではないといったことが明らかになるかもしれません。飲料のようなターゲットの幅が広い商品であればともかく、ある程度の高額商品になれば、リーチ100％になるようにテレビCMを投下しても意味がない、といったことがつまびらかになるでしょう。

　そうなってくると、メディア側はコンテンツのマーケティングをきちんとする必要があります。広告主が広告を見せたいオーディエンスが興味を持つようなコンテンツを、マーケティングを行い作っていかなければダメでしょう。何もしなければメディアの未来も危うくなると思います。

有園　広告主はそのためにも、オーディエンスアトリビューションをしなければいけませんね。

横山　そうです。まさにそれが、オーディエンスデータがマーケティングの通貨になるということでしょう。

有園　ただ、引き続きマスマーケティングが効く商材ももちろんあるでしょう。

菅原　それこそ、飲料や携帯電話などは、まさにそうだと思います。

横山　けれども、それを最適化するためにデジタルを使っていくべきです。マス広告に適した商材のテレビCMでも、データを使うことで新たに見えてくるものがたくさんありますから。

今後、広告人はどう変わるべきか

有園 では鼎談の主題に戻って、今後、広告人はどう変わるべきでしょうか？

菅原 これまで話してきたことは、全て関連のあることですよね。世の中がここまで変わってきているのだから、広告を生業としている人は大きく変わらざるを得ないでしょう。マーケティングに携わっている人にとっては、選択肢が変わっていくイメージでしょうか。

横山 端的に言うと、経営者が変わらないとダメです。経営者が変わらなければ、組織的に人材育成ができません。その結果、現状では個人の資質で学んでいくしかありません。意識的に自分で新しい知見をものにしていかなければいけません。会社が広告人としてのデジタル対応の知見を教えてくれるわけではないので、データをマーケティングにどのように活かすか、自ら学んでいくしかありません。

有園 総合広告代理店の人たちが、検索連動型広告の重要性にまったく気付いていなかった頃から、私はずっとこちらの世界にいます。面白いと思ったから、たまたまやってきて、今ここにいるわけです。世の中はアナログのままではなく、テレビもデジタルになってきています。これはあくまで私の予想ですが、ゆくゆくはテレビCM自体も、行動ターゲティングできるようになると思っています。本人が面白いと思えるかどうか、それが肝でしょう。

菅原 危機感でできることではないですが、デジタルマーケティングは、やっぱり面白いです。私も新しい可能性を大きく感じていますが、極論を言ってしまえば、「広告が変わる」でも、「広告人が変わる」でもありません。世の中が変わって、生活者が変わっているのです。

　デジタルが嫌いだという声を時々耳にしますが、そんな人でもiPhoneを使っていて、ゲームアプリをダウンロードして遊んでいたり……実のところ、生活者は意識せずに生活の中に自然に取り入れています。だからこそ、自分たちのあり方を決めて変わろうとしないの

は、単純に不健全です。生活者が刻々と変わっているのに、広告業界や広告人たちが変わろうとしないこと自体が変だと思います。

横山 これから7〜8年で、広告業界そのものの構造が劇的に変わっていくでしょう。証券会社の営業マンが96〜97年から現在までで約半分になったように、今の広告代理店にいる営業マンの数が半分になってもおかしくはありません。

菅原 広告の売買の手続きも、デジタルで完結しますからね。

横山 枠を手売りすると言いますが、人を介して売るか、オンラインで自動的に買いつけるのか、その比率は今後も大きく変化していきます。今まで、広告主はメディアが作った広告メニューを選んできましたが、DSPなどの登場で誰に広告を配信するのかを自ら選べるようになりました。

　広告枠を選ぶのではなく、究極のターゲティングをするのです。そうすると、手売りは相対的に少なくなり、営業マンが減っていくのは必然的です。それに伴い、枠モノで収入を得るということが非常に難しくなっていくでしょう。

ブランド開発など、ハイエンドなコンサルティングができる人、一方できちんとDSPなどのオペレーションができる人も必要ですが、生き残るスキルを持っている人とそうでない人の溝はますます深くなります。今後、広告の枠売りしかできない広告人にとっては、つらい時代になるでしょう。

Profile

株式会社デジタルインテリジェンス
代表取締役
横山隆治氏
よこやまりゅうじ

1982年青山学院大学 文学部 英米文学科卒。株式会社旭通信社入社後、ビール、飲料、食品などのマス広告ブランドを多数担当。1996年、DAC設立に参画。DAC 代表取締役副社長を経て、2006年に株式会社ADKインタラクティブ 代表取締役社長に。現在、株式会社デジタルインテリジェンス 代表取締役。著書『インターネット広告革命』(宣伝会議)、『次世代コミュニケーション』(共著、翔泳社)、『トリプルメディアマーケティング』(インプレスジャパン) ほか多数。

第6章：賢人に聞く

デジタルの知見を武器に、自らのスキルを変革せよ

広告・マーケティングに携わるビジネスマンに求められるスキルは、大きく変わりつつあります。デジタル時代に活躍できる人材になるためには、どのようなスキルを身につけ、キャリアを積み重ねていくべきか。そのヒントを探るべく塚本陽一氏と、本書の著者で対談を行いました。

KDDI株式会社
コミュニケーション本部
宣伝部 担当部長
塚本陽一氏
(つかもとよういち)

デジタルマーケティングに邁進するKDDI

菅原 塚本さんの現在のKDDIでのお仕事について、教えてください。

塚本 私が所属しているのは宣伝部です。宣伝部はマス広告からデジタルまで、全ての広告宣伝などのコミュニケーションプランニングやその効果検証を行っている部署です。

　私の担当領域は大きく2つあります。1つはデジタルマーケティングの推進です。部分最適ではなく、全体最適を実現させるために、マーケティングコミュニケーションにおいてデジタルを戦略的に活用することです。もう1つは、広告宣伝活動におけるROIの見える化です。これはデジタル領域だけでなく、マス広告も含むエグゼキューション[*1]のパフォーマンスを可視化するということです。前者も後者もとても重要なテーマですが、ROIの見える化は最も重要なテーマだと考えています。

*1 エグゼキューションとは、実施・執行すること。

テレビCMやディスプレイ広告などの単体施策の個別評価だけでは、エグゼキューション全体でのROIを可視化できているとは言えません。コミュニケーション活動全体のROIを見える化し、リターンを最大化させるための広告宣伝やコミュニケーションがどうあるべきかを戦略的に考えていく必要があります。そのためにはプロモーションを展開する際のリターンの定義やKPIの設定も重要です。

　ただし、KPIの設定は左脳的な分析だけでロジカルに実施すればいいというわけではありません。また、簡単にトラッキングできる指標を採用すればいいというわけでもありません。自分たちのビジネスモデルやマーケティング戦略とKPIが高いレベルで融合していなければ意味がないでしょう。

　例えばディスプレイ広告については、CPCやCPAなどの単なる「効率」論だけの視点にならないように、「効果」についてもその貢献を測定する指標を設定しています。それがアドテック東京2013のセッション「最先端アドテクノロジーから読むマーケティングデータ分析」（http://markezine.jp/article/detail/18510）で話した、CPAだけでは見えないメディアの価値を可視化する取り組みにつながるのです。単なるクリックのコストだけで評価するのではなく、ビジネスのゴールにきちんと貢献しているのかを可視化するという目線を持って評価することを心掛けています。

　このような分析によって明確になったKPIとそれらを達成するためにPDCAを回し続けていくことで、広告予算全体のアロケーション[*2]を見直すことができるようになってきています。ROIの最大化やそのための予算の最適アロケーションなどはまだまだ課題も多いですが、一歩ずつ前進はできていると思っています。

菅原　多くの日本企業は、経験や勘に頼って宣伝活動を行っている傾向が強いと思いますが、KDDIの宣伝活動におけるデジタルやアドテクノロジーの貢献度合いはどの程度でしょうか。

塚本　デジタルの領域は数値としてダイレクトに結果が出てくることもあり、成果を見える化しやすく、その貢献度は大きいですね。一方

*2 アロケーションとは、配分・割当の意味。

でマスの領域は、見える化がとても難しく、たとえできたとしてもダイレクトではありません。テクノロジーが進歩したことで、企業側で色々なデータを蓄積し、それを分析して新たな気付きを導き出すことができるようになりました。エグゼキューションの中心はテレビCMといった段階ですが、ROIの見える化という視点ではその中心はやはりデジタルです。

フラグメンテーションの課題

菅原 私がいま個人的に課題に感じているのは、本書でも触れている「フラグメンテーション（断片化）」の問題です。ブラウザやデバイスの多様化により、取得できるデータはたくさんあるものの、それらはバラバラの状態です。またメディアの数が増え続けていることも、フラグメンテーションの1つの側面です。ユーザーの好みを含めた、複雑な断片化はますます進んでいきます。

塚本 その課題は私も感じています。逆に言うと、我々には企業としてそれにどう対応していくのかが求められています。そのためには菅原さんがおっしゃるように、本当の意味で生活者ベースに我々が変化しなければならないと考えています。断片化している情報を全て統合することは難しいと思いますが、ユーザー目線でどう統合できるのかといったチャレンジをしなければならないと思っています。

そしてその問題は、プランニングにも変化をあたえると思います。テレビCMはまだ

KDDI株式会社 コミュニケーション本部 宣伝部
担当部長 塚本陽一氏

力を持っているとは思いますが、そこを中心としたコミュニケーションをデフォルトとすることが、今の世の中にフィットしているかを考えていく必要があります。当たり前の話ですが、ビジネスのゴールを達成するために、断片化しているメディアや情報を組み合わせて最適なコミュニケーションをカスタムメイドでデザインしていくべきです。

厳密な意味での1対1のコミュニケーションをする必要はないと思いますが、感覚的にはパーソナルなコミュニケーションにしていかなければいけないと思っています。それを実現するためには、テクノロジーの力が絶対に必須になります。

広告・マーケティングビジネスの頂上を目指す

菅原 塚本さんはメディア、総合広告代理店、ネット広告代理店、プランニングブティックというキャリアを経て、現職に就かれていますよね。

塚本 社会人としてのキャリアの始まりは、エフエム東京というラジオ局でした。もともとはスポーツの実況中継をするアナウンサーになりたいという思いがあり、そこから膨らんでパーソナリティ志望でラジオ局の門をたたきました。ただ、3か月の研修期間後に配属されたのはマーケティングのセクションでした。そこから広告やマーケティングという世界に入りました。

Supership株式会社 広告事業本部
デジタルエージェンシー事業部 事業部長 菅原健一氏

ラジオの広告を売るためにどんな番組を作ればいいのか、リスナーはどんな人たちなのか、といったことを考えるマーケティングの仕事は楽しく、次第にラジオだけではなくて他のメディアも手掛けたいと思うようになりました。アス

リートの感覚に近いのですが、ラジオというメディアに閉じた狭い世界ではなく、広告・マーケティングのビジネスで頂上をとりたいという思いが、社会人として芽生えてきたのです。

そんな考えから、総合広告代理店の電通にフィールドを変えました。電通では営業を担当し、テレビ、新聞、雑誌、交通広告などさまざまなメディアを扱う経験をしました。2000年代前半の当時は、ネットはメディアとしての優先順位がまだまだ低かったですね。

そして電通で営業として働いている時に、いくつかの企業のブランドリニューアル作業に携わりました。当時の電通では、営業として携わるには珍しい仕事でした。電通の営業マンが、最も多く経験する典型的な仕事はメディアを売る仕事ですが、このプロジェクトではある種のコンサルテーションの仕事を経験することができたのです。

その後、ブランドクリエーションセンターという部署に異動し、ブランド開発や再構築などの仕事を専門にするようになりました。ブランドの仕事をやるようになってから、広告に対しての考え方が大きく変わりました。そこではブランドを生活者にきちんと理解してもらい、企業と生活者の絆を作っていく、といったことを常に考えていました。

大量にテレビCMを流したり、新聞で見開き広告を打つなど、一方的に生活者へメッセージを押しつけて、生活者と本当に絆が作れるのかと疑問視するようになったのがこの頃です。大々的なプロモーションを展開しても、ブランディングに寄与しない虚しいコミュニケーションになってしまっては意味がありません。

ブランドは企業と生活者が共に築いていくもの

塚本 当時の私の職務はコンサルテーションで、ブランドを作るまでが仕事の領域でした。その先の領域、つまりクリエイティブ開発を含めて生活者にブランドをどのように届けていくのか、絆をどう強めていくのかは別の部門の仕事であって、そこまで関わることはできませ

んでした。

　ブランドは、企業と生活者が相互インタラクティブで築いていくもので、そこにコミットしなければどんなメッセージも絵に描いた餅です。ブランディングはスローガンやロゴマークを作って終わりではありません。生活者にその哲学を届け、継続的にコミュニケーションしながらブランドを成長させていくような、本当の意味で"ブランドを作る"ことに寄与したいと思うようになりました。

　テレビを中心とした一方通行型のマスコミュニケーションではなく、ブランディングに貢献するために広告やプロモーションはどう変わらなければならないのか。そんな考えからネットの世界にどっぷりつかってマーケティングに携わりたいと思い、電通からオプトに転職しました。

ネットを使ったブランディングを実現したい

塚本　これからのマーケティングコミュニケーションにおいて、デジタルの重要性はますます増していきます。もっと言うと、当たり前の機能であり、スキルセットになると思います。

　先ほど話したように、私はネットを活用してブランディングがしたいと考え、それを実現するためにオプトに行きました。オプトではデジタルを基点にメディアニュートラル、メソッドニュートラルにコミュニケーションデザインをする組織を率いていました。デジタルだけではなく、テレビや交通広告も手掛けるなど、かなり自由にやらせていただきました。当時は、総合広告代理店はネットの刈り取りが苦手、一方でネット広告代理店はマス広告やブランディングはよくわからないという時代だったので、私のようなポジショニングはユニークだったと思います。

菅原　当時の総合広告代理店は、ネットでのブランディングの価値を認めておらず、ネット広告代理店もその意味を理解していない状態だったとも言えます。

仕事で目指すべき方向を定める

菅原 オプト時代に、ホットリンクやデジミホの取締役も兼任されたのですね。

塚本 テクノロジー系の会社に社外取締役として入ったことで、プランナーとして発想を広げることができました。テクノロジーを理解することでクリエイティブやコミュニケーションデザインに対するアイデアの入り口が広がりました。

　また少し目線を上げて、経営的な視点を持てるようになったこともプラスでした。それまでの1人のプレイヤー・プランナーとして現場をマネジメントする視点から、経営的な視点を持つことで次のキャリアをどうすべきかと考えるいいきっかけになりました。

　会社を変える・変わるという単純なことではなく、自分の仕事として目指すべき方向やゴールをどこにどう設定するか、ということです。そして、ネットを基点にしてインタラクティブにコミュニケーションを設計していくという方向は絶対に間違っていないということも確信できました。

デジタル時代の
広告・マーケティング業界を切り開く

塚本 ネットを基点にして生活者と双方向型でブランドを作り、成長させていく。そんなプランニングをさらに深化させていくために、インテグレートにジョインしました。もともとオプトの時に、インテグレートと「デジタル×戦略PR」というテーマでプロジェクトを一緒に行っていたことがあり、そこでインテグレートの藤田康人氏と出会ったことが由縁です。

菅原 藤田氏は日本のキシリトールマーケットを作られた、マーケティングがとても得意な方ですよね。

塚本 実はオプトの次のステージは、広告主側のマーケティング責任者になりたいと考えていました。広告代理店での経験から、今後自分自身のキャリアの中でマーケティングを追究していくのならば、広告主としてファーストパーティーデータを活用しながらプランニングやROIを可視化していくことが最もエキサイティングだと思っていたからです。

菅原 自社で保有しているデータの活用が、マーケティングにおいて重要視され始めた時期ですね。

塚本 広告主と広告代理店を比較した場合、マーケティングのイニシアチブが、圧倒的に広告主の方に傾き始めたと感じていました。そんな時にインテグレートにデジタルの責任者として来てくれないかという話をいただきました。総合プロデューサーの藤田氏がいて、PR職人の山田まさる氏、そしてデジタルは塚本の3トップでやろうという話でした。

当時はトリプルメディアでのコミュニケーション展開の重要性が高

まっていた頃でした。そして自分のそれまでのキャリアを考えたとき、最も経験が足りていない領域がアーンドメディアでのプランニングでした。インテグレートにジョインして、戦略PRとデジタルを融合させたプランニングメソッドを確立することは、その後の自分のゴールにきっと役に立つはずだと考え、最終的にインテグレートに参画しました。そして現在は、KDDIで内部や外部のさまざまなデータを融合させながら、生活者と強い絆を作っていくためのコミュニケーションについて日々考えています。

菅原 広告枠を買っていればマーケティングがうまくいく時代は終わり、そこが今の広告業界が向き合っている課題です。塚本さんはデジタル時代の広告・マーケティング業界を切り開いていくために必要なさまざまなスキルを1つひとつ得るようにキャリアを積まれていますね。

　これまで話していただいた塚本さんのキャリアの変遷は、広告・マーケティングに携わる人にとって、大事なポイントが数多く含まれています。どういうキャリアを歩むと、どんな仕事が経験できるのか、このポイントはとても大事です。

今日、どんな判断をしたかが大きく問われています。どういうポジションに行きたいのか、それが明確であるほど、望んだ人がそのポジションを手にするチャンスがあります。デジタル時代の広告・マーケティング領域を新たに切り開いていく人材になるために、本書をキャリアを築いていく手引きにしていただければと思います。

Profile

KDDI株式会社 コミュニケーション本部 宣伝部 担当部長
つかもとよういち
塚本陽一氏

エフエム東京を経て、株式会社電通に入社。営業局にて各種の広告キャンペーンを担当した後、ブランドクリエーションセンターにて企業・商品ブランドのコンサルテーション業務に従事。2008年、株式会社オプトに入社し、マーケティング部門の責任者を歴任。デジタルを中心とした統合型のコミュニケーション企画の提案を牽引する一方、株式会社ホットリンク、株式会社デジミホの取締役を兼任。2011年、株式会社インテグレートに入社。クライアントの課題解決のためのIMC（統合型マーケティングコミュニケーション）プランニング業務に奔走。2013年から現職、KDDI株式会社 コミュニケーション本部 宣伝部 担当部長を務める。

●COLUMN

テレビCMに検索キーワードが入るまで

アタラ合同会社 取締役 COO
有園 雄一氏
（ありぞの ゆういち）

　本書のベースとなったMarkeZineの連載「ここから始めよう！アドテクノロジー基礎講座」（http://markezine.jp/article/corner/465）の最後に書いた「テレビCMの投下量と検索数、そして売上げとの相関関係は？オフラインアトリビューションの基本」（http://markezine.jp/article/detail/17867）という記事に関して、いくつか問い合わせや質問をいただきました。

　私としては、そんなに質問がくることを想定していなかったので少しビックリしたのですが、ちょうどその時に、ある総合広告代理店の人から「テレビCMと検索数の相関についての問い合わせは、未だに広告主から多いのだが、総合広告代理店の中に検索からテレビまでを語れる人材が育っておらず少々困っている」という話を聞きました。そこで、私自身の経験から、マス広告と検索の相関に興味を抱いたきっかけや、そこから学んだことなどを書いてみたいと思います。

▶ ひらめきは「ど忘れ」から

　最初にこのアイデアを思いついたのは、ある体験がきっかけです。ある日、朝起きてすぐにパソコンに向かってネットをしていました。たぶん、二日酔いだったと思うのですが、頭がボーッとしている感じでした。

　その時、関係者の方には大変申しわけないのですが、「au」あるいは「KDDI」という名前を失念してしまい、なかなか出てこなかったのです。「あれ、あれだよ」と心の中で叫んでも、脳のシナプスが

つながっていない感じで、思い出せないのです。思い出せないことにイライラしながら、とっさに思いついたのが「仲間由紀恵 ケータイ」というキーワードで検索することでした。

たしか、2002年のことだと思います。当時は、仲間由紀恵さんがauのテレビCMに出ていました。だから、「仲間由紀恵 ケータイ」で検索すれば、そのテレビCMの広告主であるKDDIやauのサイトが検索結果に出てくるだろうと期待しました。つまり、検索すれば「仲間由紀恵さんがテレビCMに出ているケータイブランド」を探せると思ったのです。

ところが、Googleで検索しても、ヤフーで検索しても、検索結果の1ページ目には出てきません。2ページ目、3ページ目にも見つかりません。やっと、5ページ目ぐらいになって、ちょっとだけそれらしき情報が出てきて、「あっ、そうだ。auだ」と思い出すことができました。

▶ 検索しても出てこない

この時、私が最初に思ったのは、「あー、残念だな。検索エンジン対策、ぜんぜんできてないな」ということでした。

ブランド名を失念してしまった私が悪いのかもしれませんが、検索してもなかなかほしい情報にたどり着けなかったことで、私はかなり気分を害しました。その結果、KDDIに対してマイナスイメージを持ったのです。「せっかく、こっちが検索して探しているのに、こんなに時間をかけないと見つからないなんて」と。

そして、次の瞬間。「同じような検索行動をしている人は他にもいるのではないだろうか」「テレビCMやその他の広告で得た情報やイメージをもとにしてそのブランドを検索する人は他にもきっといるはずだ」。そう思ったのです。

▶ テレビCMで検索ボックスを表示する

　その時です。「テレビCMで検索ボックスを表示してキーワードを訴求すれば、そのキーワードを見て検索する人がいるのではないだろうか？」同時に、「検索エンジン対策として、そのキーワードで検索連動型広告やSEOを施しておけば、検索した人を確実にサイトへ誘導することができるのではないだろうか？」と思いついたのです。

　そうすれば、私と同じようにテレビCMで得た情報に基づいて検索した人が、そのブランドのサイトが見つからずにイライラすることもなくなるのでないかと考えました。ブランドに関連する全ての情報で検索エンジン対策を施せば、ブランドのイメージを毀損せずに済むだろうと思ったのです。

　このようにして、「仲間由紀恵 ケータイ」で検索したことをきっかけに、テレビCMやその他のマス広告に検索ボックスを入れるというアイデアを思いつきました。

▶ 検索連動型広告の知名度ゼロ時代

　当時はまだ、検索連動型広告について知っている人が少なかった時代です。私は1990年代後半からサンフランシスコにあるネット検索ディレクトリの企業で働き、2000年に日本へ戻ってきた後もネット広告関連の仕事に携わっていました。そのため、日常的に仕事でもプライベートでも検索エンジンを使っていました。

　それまでの経験から、「検索連動型広告は必ず普及する」と思い、近いうちに、Overture（オーバーチュア／現在はヤフーに吸収）かGoogleに転職したいとも考えていました。そのため、検索連動型広告のことも、米国のサイトなどを読んで独学していたのですが、実際に、その後、OvertureとGoogleで働くことになり、テレビCMの投下量と検索数の相関調査の仕事をし、そのような企画に関わるようになるとは夢にも思っていませんでした。

　つまり、「仲間由紀恵 ケータイ」で検索した時は、思いつきレベ

ルでアイデアは浮かんだのですが、それを実現させようという意図はなく、しばらくはすっかり忘れていました。

私はその後、縁があってOvertureに転職し、検索連動型広告の拡販に従事するようになったのですが、ある総合広告代理店に対する営業を担当するまでは、その時のアイデアを思い出すことはありませんでした。

▶ マス広告と検索連動型広告のセット販売

入社後しばらくして、総合広告代理店の担当営業になりました。総合広告代理店に検索連動型広告を売ってもらうのが自分の仕事になったのです。2004年のことです。

当時の総合広告代理店は、検索連動型広告に限らずネット広告自体を積極的に取り扱っていませんでした。そのため、いくら説明して回っても、一部の人にしか興味を持ってもらえず、なかなか理解を得られませんでした。総合広告代理店は何千人ものスタッフを抱えており、全ての人に説明して回るのは不可能に思いました。

「どうしたら、この人たちに興味をもってもらえるのだろう？」「どうやったら、この人たちに検索連動型広告を売ってもらえるのか？」そのようなことを考えるのが日課になりました。

その時に、「彼らが得意とするマス広告、特にテレビCMと検索連動型広告をセットで販売してもらえたら楽なんだけどな……」という考えが浮かんだのです。そして、「仲間由紀恵 ケータイ」で検索した時の、あのアイデアを思い出したのです。

すぐに企画書を書いて、Overture社内で同僚や上司に見てもらいました。後になって、「マス連動」とか「テレビCM連動」と呼ばれるようになりましたが、その時の企画書には、「テレビCMと検索連動型広告のセット販売企画商品の開発について」というようなタイトルをつけた記憶があります。

そのようなセット販売を総合広告代理店にしてもらうには、テレビCMの投下量（具体的には、GRP：Gross Rating Point）と、そのテ

レビCMに関連するキーワードの検索数に正の相関があることを示さなければならないと思い、その相関関係を調査することも、企画書には入れておきました。

その調査でうまく正の相関が示せれば、テレビCMでキーワードを訴求すると同時に検索連動型広告を広告主に買ってもらうというセット販売が可能になり、Overtureの売上も上がるだろうと考えたのです。

それに、テレビCMと一緒に語ることによって、総合広告代理店の人たちが検索連動型広告に興味を持ってくれるかもしれないと、少なからず期待を抱いていました。

▶ テレビCMのGRPデータと検索キーワードの相関を調べる

社内では上司からすぐにOKがでたので、アポを取り、企画書を持っていきました。どんな反応を示されるかまったく読めなかったので、内心はドキドキしていました。企画書を総合広告代理店のある方に見せたところ、「これは面白いかもしれない。ちょっと待って、メディアマーケティング部に興味がありそうな人がいるので呼んでくるから」と言われ、しばらくすると、そのメディアマーケティング部の人を連れて会議室に戻ってきました。話はトントン拍子で進み、簡易的な調査をすることになりました。

調査はまず、メディアマーケティング部の人が検索を誘発しそうなテレビCMを約30本ほど選び、それらを全て私が視聴することからスタートしました。一般の視聴者がそれぞれのテレビCMを見た時に、検索しそうなキーワードを1つのテレビCMに対して30〜50個程度リストアップしていきました。

例えば、その企業名、ブランド名、サービス名、商品名、キャッチコピー、出演しているタレントの名前など。それらを掛け合わせたキーワード。それらの打ち間違いや変換ミスのキーワードなどです。

そして、リストアップしたキーワードの検索数を日別でOvertureのデータベースから抽出し、調査対象のテレビCMのGRP日別推移

データと照らして、正の相関があるかどうかを回帰分析で調べていきました。

当時からOvertureとヤフーは提携パートナーの関係だったので、Overtureのデータにはヤフーのデータも含まれており、調査するには十分なデータを保持していました。2004年当時のOvertureは急成長している時期で、深夜まで残って仕事している社員が多かったです。私も、通常業務が終わるのは夜10時ぐらいというのが平均でした。通常業務が終わった後に、リストアップしたキーワードの日別検索数の推移をOvertureのデータベースから抽出し、テレビCMのGRPデータとの相関を調べていきました。

データベースからデータを抽出するのに意外と時間がかかり、テレビCM1本の分析を終えるのに数時間かかりました。そのため、午前3～4時ぐらいまで作業を行い、1日あたり数本というペースで調べていきました。

▶ テレビCMの投下量に連動して検索数は増えるのか

調査を始める前は、10本ぐらい調べればテレビCMと検索数の相関を示すことができるだろうと、甘い考えを持っていました。しかしながら、いくら調べても、テレビCMの投下量に連動して検索数が増えているケースが出てきませんでした。

約2週間、毎日午前3～4時頃まで1人でオフィスに残り、黙々と作業を続けていました。20本を超えたあたりで、私は、もう、諦めていました。「これはダメだな。このやり方では良い結果はでない」と。

「テレビCMを見て検索している人もいるはずだ」という考えは変わっていませんでしたが、「回帰分析で統計的に有意な結果が出るほどは影響していないんだ」とすでに諦めていました。ただ、せっかく総合広告代理店の人たちが協力してくれたので、最後まで調べて、その調査結果を資料にまとめてお返ししないとならない、という義務感に駆られて残りの調査を続けました。

残り3本になった時でした。テレビCM1本あたり、30〜50個のキーワードのデータを抽出し、それを加工してキーワードごとにチャートを作っていました。約30本のテレビCMを対象に、その時点ですでに1000個以上のチャートを作り、全てがダメな結果となり、さすがにウンザリしていた時です。意気消沈して諦めていた矢先、光が射したのです。

▶「パケ・ホーダイ」の綺麗な相関関係

綺麗に正の相関を示すテレビCMとキーワードが見つかったのです。もうダメだと思っていたので、自分でも目を疑いました。それは、NTTドコモの「パケ・ホーダイ」（https://www.nttdocomo.co.jp/info/news_release/page/20040324a.html）でした。「パケ・ホーダイ」は、2004年6月1日にサービスを開始しており、その宣伝のためにテレビCMを投下したのです。

はっきりとは覚えていませんが、たしか、5月の半ば頃から6月前半にかけて大量にテレビCMを投下していました。「パケ・ホーダイ」という言葉は新しくできた造語だったため、リリースが出た2004年3月24日以前の検索数はゼロでした。世の中に存在しなかったキーワードなので当然です。

リリースの日を境に検索数が発生します。ただ、リリース直後の検索数は本当に数少ないものでした。それが、5月半ばのテレビCM開始と同時に爆発的に伸びていきます。しかも、日別のテレビCMの投下量（GRP）と連動して検索数も増加していったのです。そして、テレビCMの投下量がピークに達すると検索数もピークに達し、徐々に減少、テレビCM終了後しばらくして検索数もゼロに近づいていくという推移でした。回帰分析をしなくても、グラフを見ただけで、誰が見ても相関していると思える結果でした。

テレビCM約30本の調査を終えて、結局、正の相関を示すことができたのは、この「パケ・ホーダイ」1本だけでした。調査結果を資料にまとめて、総合広告代理店のメディアマーケティング部の人に持っ

ていきました。

　私は、1本だけしか良い結果を得られなかったので、調査結果が好意的に受け止められるかどうか不安でした。しかし、その人は非常に前向きに捉えてくれたのです。「1本でもあれば十分ですよ。テレビCMの投下によって検索数が増加しているケースが見つかったのですから」と評価してくれました。

▶ 新しいものは広告効果が高くなる

　その時に教えてもらったのですが、新商品や新サービスは一般的に広告効果が高くなる傾向があるとのことでした。つまり、「パケ・ホーダイ」は新サービスなので、その傾向に合致していたのです。

　これは、いわゆるプロダクト・ライフサイクル理論でいう導入期の商品やサービスということになります。導入期→成長期→成熟期→衰退期という4つの段階の中で、最初の導入期は商品の認知を高めるために広告宣伝費がかかるということなのですが、それは導入期にきちんと広告を打つことが大事だということも意味しています。

　その後にさらに調査してわかったことですが、新商品や新サービスは、テレビCMの投下と検索数が綺麗に相関するケースが多いのです。あるいは、テレビCMで新しいキーワードを訴求した場合も、検索を誘発しやすいようです。

　「パケ・ホーダイ」は新しいキーワードであり、テレビCMが投下される以前はほとんど検索数がなかったことがポイントでした。当時、「トヨタ」や「ユニクロ」などのキーワードは、月間平均で100万〜200万回という規模で検索数が発生していました。そのような場合、テレビCMの投下によって、仮に月間10万回の検索数を誘発していたとしても、元々の母数が大きいので、テレビCMの投下が影響しているのか、季節変動なのか、それ以外の何かが影響しているのか、見極めるのが難しいのです。極端にいえば、月間10万回の変動も誤差の範囲になってしまいかねないのです。このことが、テレビCM約30本を調べても良い結果を得られなかった主な理由だったと思います。

▶ 分析に最低限必要な投下量とは？

　この時の簡易的な調査では、テレビCMが投下された期間（2〜3週間程度のものが多かったように記憶している）を対象にして、前後3か月ぐらいの検索数のデータを調べていました。

　このやり方では、「パケ・ホーダイ」のようにわかりやすいものしか良い結果を得ることはできません。オフラインアトリビューション分析に関わるようになってわかったことですが、例えば、1年以上の期間にわたるデータを取得して、テレビCMのGRPと検索数やサイトへのアクセス数などを調べると、より良い結果を得ることができるようです。

　また、これも後でわかったことですが、テレビCMの投下量も一定のボリュームがないと、なかなか良い結果を得られないようです。

　先日も、ある通販会社の人から「テレビCMを投下してもあまりサイトのアクセスが増えたようには思えません」と相談されました。データを見せてもらうと、3か月で2,000GRPほど、月間平均では700GRPぐらいのテレビCMを投下していました。しかも、特に新しい商品やサービスはなく、新しいキーワードがないためブランド名を訴求している状態でした。

　予算などの懐事情もあるとは思いますが、これまでの経験では、月間2,000GRP以上程度のテレビCMを投下しないと、あまり良い結果は得られません。そして、できれば、新しいキーワードがあると良いのです。

　はっきりとは覚えていませんが、約30本のテレビCMのうち、半分ぐらいはGRPの投下量がそれほど多くなかったと記憶しています。投下量の少ないことも、あまり良い結果が得られなかった理由だったと思います。

　話を戻します。「パケ・ホーダイ」の例は、メディアマーケティング部の人に指導を受けながら事例としてまとめ、総合広告代理店の社内用資料を作成しました。その資料をもって、ネット関連の部署へ説

明に回り、部会などで報告させていただきました。

▶ "ぶら下がり"でキーワードを出してみることに

それからしばらくして、ネット関連の局の局長代理の方から声をかけられました。「有園さん、今度、ぶら下がりでキーワードを出してみることになったよ」。私は、「えっ、ぶら下がりって何ですか？」と聞き返しました。どうやら、ぶら下がりとは、テレビCMの最後1秒ほどのことで、そこにキーワードを表示させるということでした。

それは、トヨタistのテレビCMでした。2004年9月10日頃が最初だったと思いますが、「ほっぺの理由」というキーワードをテレビCMの最後に表示して、検索連動型広告でそのキーワードを入札したのです。初めてテレビでこのCMを見た時は、さすがに熱いものが胸にグッと込み上げてきました。そのぐらいの達成感がありました。

トヨタistのテレビCMは、たしか8月から流れていたのですが、期待したほどサイト側にアクセスが流れてこないということで、テレビCM内でキーワードを表示させてみることになったようです。

この試みは最初は1か月ほどの予定でしたが、それなりに評価されたようで、その後も延長して3か月以上続いたと記憶しています。いわゆる、テレビCMと検索連動型広告を連動させた（マス連動の）最初のケースだと思います。

そして翌年の2005年3月頃だったと思いますが、三井不動産のマンションのテレビCMで「芝浦の島」というキーワードをテレビCMに表示して、検索連動型広告と連動させるというキャンペーンがありました。私が担当していた総合広告代理店とは異なる総合広告代理店の仕事だったため、私はこの仕事には関わっていません。

その後、NECの携帯電話のキャンペーンで「Nを追え」というキーワードをテレビCMに表示して、テレビCMと検索連動型広告の連動が行われました。このあたりから大きく話題になり、このマス連動の手法は一気に普及していきました。

▶ 二大総合広告代理店との調査プロジェクト

2005年8月に、2つの総合広告代理店から、テレビCMやその他のマス広告の投下量と検索数の関係について本格的な調査を依頼され、冒頭のMarkeZineの連載記事「テレビCMの投下量と検索数、そして売上げとの相関関係は？オフラインアトリビューションの基本」で書いたような、オフラインアトリビューションの仕事に徐々につながっていきました。

ところで、この2つの総合広告代理店からの依頼は、たった1日違いできたのです。そのシンクロニシティ（共時性）には驚かされました。

その2社は、電通と博報堂DYメディアパートナーズ（および博報堂）でした。それぞれ別々に依頼があり、別々に調査プロジェクトは進行し調査内容に微妙な違いがありました。しかし、その主な目的は同じで、マス広告（特にテレビCM）の投下量が検索数に与える影響について調査したいというものでした。

今度はテレビCM30本というような簡易的な調査ではなく、基礎調査も含めると2つの総合広告代理店で合計して延べ1万本を超えるテレビCMを対象とする大プロジェクトになりました。この1万本全てのテレビCMに検索ボックスが表示されていたわけではなく、表示されていないCMも合わせての合計数になります。

通常、メディア企業の同じ人間が電通と博報堂DYメディアパートナーズ（および博報堂）の両方を担当することはありません。電通と博報堂DYメディアパートナーズが強い競合関係にあるため、両社の情報がリークすることがないようにするためです。しかしながら、例外的に、この両社の調査プロジェクトについては、私が担当することになりました。その理由は、それまでのマス連動関連業務の経験値があったことと、おそらく、営業ではなく調査ということで、当時のOvertureとしても例外を認めてくれたのだと思います。

余談になりますが、この調査プロジェクトがきっかけとなり、電通

と博報堂DYメディアパートナーズ（および博報堂）という日本の最大手の総合広告代理店と様々な仕事を一緒にするようになりましたが、本当に優秀な人が多く、いつも色々なことを学ばせてもらっています。私にとって、この両社と同時に仕事ができたことは、とても幸せなことだったと思っています（大変でしたけどね）。

▶ 検索数からテレビCMの効果が明確に

さて、この両社の調査プロジェクトの詳しい内容については守秘義務もあるので書くことはできませんが、調査依頼があってから約2年後の2007年10月10日にまず、博報堂と博報堂DYメディアパートナーズの連名でリリース（http://www.hakuhodo.co.jp/uploads/2011/09/20071010.pdf）が出ています。

私自身は、2007年4月にOvertureからGoogleに転職したため、この調査プロジェクトの最後まで関わることができず、心残りではあったのですが、このようなリリースという形で仕事の成果が世に出ることになり、大変嬉しく思っていると同時にご協力を頂いた関係者の方々にとても感謝しています。

このリリースに書かれているように、検索ボックスをテレビCMに表示した場合の方が表示していない場合と比較して、広告に関連するキーワードの検索数が多くなることがわかりました。このリリースによると、それは2.4倍も平均して多いということです。

また電通との調査プロジェクトについては、2008年5月1日号の「宣伝会議」の70〜73ページにそのレポートが掲載されています。この「宣伝会議」に掲載されたレポートでも博報堂と博報堂DYメディアパートナーズのリリースと同様に、テレビCMの投入で検索数が増加する傾向が報告されています。特に私が大事だと思う点はテレビCMの残存効果についても触れていることです。

> 「さらに、グラフ2（p72）はCM内でブランド名検索を促した企業を1社取り上げ、検索数の推移を示したもの。CMの投入により検索数が、明らかに上昇していることがわかる。さらに特筆すべき点が、放送終了後の推移。テレビCMの投入で、一気に上向いた検索数が、放送終了後も、底上げされたまま維持されているのだ。」
>
> （2008年5月1日号「宣伝会議」p.71から抜粋）

　テレビCMの効果が検索数の増加というかたちで明確になっただけでなく、その残存効果についても検索数から読み取ることができる点は、これまでアンケートなどでしか知ることができなかったことを考えると、非常に価値があることだと思っています。

▶ マス連動施策を成功させるポイント

　さて、ところで、「このようなマス連動の施策を成功させるために注意すべきことは何ですか？」と質問されることがよくあります。「どのような点に注意してキャンペーン設計すべきですか？」「どのようなキーワードを設定すべきでしょうか？」などと聞かれるのです。

　これに対する回答ですが、2007年4月1日号の「宣伝会議」の35〜53ページに「特集2『続きはWEBで』急増中　ネット連動CM　本当の効果」という特集記事が掲載されています。当時、この特集の取材協力を私も受けて答えています。この中に、一般的に注意すべき点がほぼ網羅されています。ぜひ一度、目を通していただければ参考になると思います。

　ただ、この特集記事には明示的には書かれていないのですが、私のお気に入りのネタがあります。そのことについて、少し書いてみたいと思います。まず、先ほど紹介した、トヨタistの「ほっぺの理由」と三井不動産の「芝浦の島」というキーワードを思い出してくださ

い。この2つのキーワードに何か共通点があるのですが、すぐにわかりますか？

> 「ほっぺの理由」
> 「芝浦の島」

この2つを声に出して読んでみてください。

> 「ホ・ッ・ペ・ノ・リ・ユ・ウ」
> 「シ・バ・ウ・ラ・ノ・シ・マ」

　同じ長さですよね。7音です。実は、2005年の夏だったと思いますが、ミサワホームと文化放送、博報堂DYメディアパートナーズの協力でラジオを使って実験的に検索キーワードを訴求したことがあります。そのときのキーワードは「揺れない秘密」でした。「ユ・レ・ナ・イ・ヒ・ミ・ツ」で、これも7音です。

　「ほっぺの理由」は日本で初めてマス連動が実施された時のキーワードです。「芝浦の島」は日本で2番目のマス連動のキャンペーンです。そして、「揺れない秘密」は日本のラジオで初めて訴求された検索キーワードになります。

　これらは全て、偶然、7音なのです。そして、それぞれ効果が良かったので、その後にマス連動のキャンペーンがブームとなっていきました。

　ちなみに、NECの「Nを追え」は、「エ・ヌ・ヲ・オ・エ」と5音です。これは厳密に調査したわけではないのですが、電通と博報堂DYメディアパートナーズ（および博報堂）との調査を通じて大量に調べた体感値としてですが、5音か7音のキーワードは効果が高い、つまり、検索誘発数が多くなる傾向があると感じています。

　4音や6音、8音などが絶対にダメということではありません。加えて、テレビCMの投下量によっても効果は変わってきますし、キャン

ページ内容やキーワードによっても変わってきます。そのため、単純比較はできませんが、自分の体感値として、5音と7音については効果が高いことが多いと感じています。やっぱり日本語のリズムは「5・7・5」が基本で、覚えやすいのではないか、と思っています。

▶ クローズド・ループ・マーケティング

ここまで書いてきたように、「仲間由紀恵 ケータイ」で検索した偶然の出来事から導かれて、マス広告と検索の相関に興味を抱き、今に至りました。しかしながら、この偶然の背景には、それなりの理由があります。その理由について、最後に触れておきたいと思います。

『インターネットマーケティングの原理と戦略』（日本経済新聞社、2001年）という本があります。ワード・ハンソン（Ward Hanson）氏という米国スタンフォード大学の教授が書いた本です。ちなみに、日本語訳があまり良くなくて読みにくいので、英語を読める方には原書をおすすめしたいのですが、この本の中に、「クローズド・ループ・マーケティング」という考え方が出てきます。

この考えは、私の仕事に大きな影響を及ぼしていて、検索連動型広告に興味を持ったのも、テレビCMが検索数に与える影響について調べることになったのも、アトリビューションを仕事で行うようになったのも、全てはこの「クローズド・ループ・マーケティング」という考え方に理由があります。

フィリップ・コトラー（Philip Kotler）氏は、1972年の論文において、マーケティングの原理の4つ目に「マーケティングとは、市場に向けて価値を創造し提供することにより、望ましいレスポンスを生み出そうとする行為である」と提示しています。しかしながら、それが実現できているかというと、必ずしもそうとは言えない状況です。

マーケティング・マネジャーは通常、テレビ広告、新しい市場価格、その他に提供されるものが特定の個人に具体的にどう影響するかを認識していない。統計、市場調査、マーケット調査員のチームをもってしても、そうした効果を判断するのは難しいのだ。

インターネット・マーケティングのツールは、はるかに正確な数値を得る可能性を持つ。マーケターは、サーバーのデータを分析して、特定の提供物とそれへのレスポンス、また個々のそうしたレスポンスに対する購入率をトレースすることができる。市場レベルの高度な調査でも見出せなかったことが、シンプルなデータ表から見えてくるし、効果的な実験もできるようになるのだ。

必須条件は行動とレスポンスとの間のクローズド・ループ（完結した鎖）である。マーケティングは、特定のマーケティング行動に対する特定の顧客のレスポンスが追跡できる場合、クローズド・ループとなる。たとえば、ウェブサイトへの登録を促すオンライン広告が展開されていた場合、もし広告の露出から登録の決定までユーザーを追跡できるのなら、そのキャンペーンはクローズド・ループである。クローズド・ループの価格変更とは、購入決定に至るまでのすべてのプロセスにおいて価格変更の影響を確定できるということを意味している。」

（『インターネットマーケティングの原理と戦略』pp.184-185）

私は、この本で「クローズド・ループ・マーケティング」という言葉を知り、「これだな」と思いました。私の解釈では、検索連動型広告は、ループをクローズする力の強いマーケティング手法に見えたのです。テレビCMや新聞・雑誌広告、交通広告、屋外広告などで生活者に届けられた情報は、そのままでは、ループがクローズしない、宙吊りの状態に見えました。

　「この不完全な、宙吊りの状態を、検索連動型広告でクローズすることができる」と私は考えたのです。そして、ネットであれば、そのループがクローズするまでのレスポンスをトレースすることがきっとできるはず。そこに魅力を感じて、OvertureやGoogleで働くようになったのです。

　「仲間由紀恵 ケータイ」で検索して、検索ボックスをテレビCMに挿入することをひらめいた時も同じです。自分の頭の中では、そうすれば、テレビCMで放たれた宙吊りのループをクローズできる可能性が高まるじゃないか、と考えていたのでした。

　オンラインアトリビューションで利用するコンバージョンパスデータは、まさにこのクローズド・ループの経路データだと言えます。オフラインアトリビューションも、データで完全にトレースはできませんが、このクローズド・ループという考え方が背景にあります。私がアトリビューションに興味を抱いた理由もここに起点があるのです。

　フィリップ・コトラー氏が言っているように、「マーケティングとは、市場に向けて価値を創造し提供することにより、望ましいレスポンスを生み出そうとする行為」であるとすれば、全てのマーケティング活動はそのレスポンスを測定すべきものだと考えています。このワード・ハンソン氏の本の中にもありますが、コンバージョン、あるいは、レスポンスは、購入だけとは限りません。ブランド認知だったり、純粋想起、好意度、購買意向、あるいは、ポジショニングだったりするかもしれません。それは、トレースしにくいものではありますが、そうであっても、望ましいレスポンスを生み出しているか測定していかなければならないと思っています。

『インターネットマーケティングの原理と戦略』の原書が世に出てから、すでに15年余りが経過しましたが、この「クローズド・ループ・マーケティング」という考え方は今後、ますます重要になっていくものと感じています。

『Attribution.jp』より転載・再編
「テレビCMに検索キーワードが入るまで、そして、そこから学んだこと」（http://www.attribution.jp/000230.html）

菅原健一氏がすすめる5冊

『ブランド』
岡康道、吉田望：著／宣伝会議／2002年

私はもともとCMが大好きで、ブランドが大好きで、デザインが大好きです。私が広告業界に関わっているのは、大好きだったタグボートの影響が大きいと思います。最近はCMやカンヌとはほど遠い場所にいますが、デジタルエージェンシーと共に仕事をしていると、その距離は徐々に縮まっているように感じます。『ブランドⅡ』もあり、そちらもおすすめです。

『ブランドマーケティングの再創造』
ジャン=ノエル・カプフェレ：著／博報堂ブランドコンサルティング：監訳／東洋経済新報社／2004年

こちらはブランドマーケティングの教科書的な本です。出てくるのはヨーロッパブランドが多いですが、概念の話も多く非常に参考になります。広告ではなく一段上のマーケティングを知る上で本当にためになる本です。また「第三章：ポスト広告時代のブランド」などは、今まさに読むことでヒントを得られると思います。既に絶版ですのでお早めにお買い求め下さい。カプフェレ氏のその他の本もおすすめです。

『USP ユニーク・セリング・プロポジション 売上に直結させる絶対不変の法則』
ロッサー・リーブス：著／近藤隆文：訳／加藤洋一：監訳／海と月社／2012年

1961年に発売された『Reality in Advertising』が時を超え、日本語に翻訳されました。米国の小さな広告代理店が開発した、USP (Unique Selling Proposition) の仕組みについて書かれた本です。今では「売るための言葉」というイメージですが、本来のUSPはその検証方法とプロセスに他なりません。科学的アプローチで生活者へどのようにどんなメッセージを届けるかについて書かれており、今日のネット広告はやっとこの本に追いつきそうな気がしています。

『芸術起業論』
村上隆：著／幻冬舎／2006年

ルイ・ヴィトンとも作品を作っている村上隆さんの本です。アーティストとしての好き嫌いは人それぞれでしょうが、僕は村上さんをとても優秀なマーケターとして見ています。なぜ日本のアーティストが世界のアートマーケットで評価されないのか。独自の解釈とそれを実際に世界のアートマーケットで証明している彼の活動は、マーケターの皆さんには刺激になるのではないでしょうか。

『顧客を知るためのデータマネジメントプラットフォーム DMP入門』
横山隆治、菅原健一、草野隆史：著／インプレスR&D／2013年

自著ながらデータマーケティングの道しるべとしてご活用いただければ嬉しいです。DMPという仕組みのみならず、データマーケティングの本質についても書いてあります。米国最先端の話にも触れていますので、今だけではなく将来を予測する際にも役立つと思います。ここで予言したいくつかのことが既に実現しつつあるのも興味深いです。

有園雄一氏がすすめる5冊

『インターネット・マーケティングの原理と戦略』
ワード・ハンソン:著／上原征彦、長谷川真実:訳／日本経済新聞出版社／2001年

原書は1990年代後半に出ています。当時、サンフランシスコに住んでいてネット広告業界で働き始めたばかりだった私が興奮しながら読んだ本です。この本の中に、クローズド・ループ・マーケティングというコンセプトが紹介されています。このコンセプトは、いまでも私の仕事に大きな影響を与えていて、検索連動型広告やマスとの連動、アトリビューションなどに私が興味をもった理由になっています。

『あたりまえなことばかり』
池田晶子:著／トランスビュー／2003年

この人の文章は美しい。そう思ってしまうのが、著者、池田晶子です。おそらく、この人は考える人なのです。考えて、考えて、考え抜いた末に絞り出された思考の滴を、昇華させ、論理として編み上げているのだと思います。正解のない問いに対して正面から対峙し考え抜いて答えを導きだす。それは仕事にも通じることです。特に、考える仕事、コンサルティングなどの仕事には役立つと感じています。

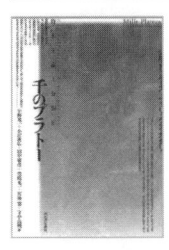

『千のプラトー──資本主義と分裂症』
ジル・ドゥルーズ、フェリックス・ガタリ:著／宇野邦一、田中敏彦、小沢秋広:訳／河出書房新社／1994年

この本の中のリゾームという概念をインターネットが具現化していると私は思っています。それは、デカルト的なツリー構造ではなく、中心も周辺もなく、始まりも終わりもないモデルで、かつ、自己増殖的に未来に向けて錯綜しつつ伸びていくモデル。投資し続けなければ崩壊する人間の分裂症的な性質を動因とするような宇宙全体の存在様式ではないかと思います。思想的にインターネットに興味をもつ契機になった本です。

『資本論1』[岩波文庫]
マルクス:著／エンゲルス:編／向坂逸郎:訳／岩波書店／1969年

マルクス『資本論』の価値形態論が持つ論理力に圧倒され、その影響で「貨幣の複数性」という卒業論文を学生時代に書きました。これは、「現代思想 第23巻第9号特集貨幣とナショナリズム」(青土社、1995年)に掲載されたのですが、その時に考えていたことと、今のアトリビューションの仕事で考えていることは本質的に同じだと思っています。アトリビューションは広告の価値形態論だと思います。

『「原因」と「結果」の法則』
ジェームズ・アレン:著／坂本貢一:訳／サンマーク出版／2003年

いわゆる啓発書です。全ての「結果」は「原因」があり、その「原因」は、自分の思い、考え方にあると説いています。その意味では、自分次第で「結果」は変えられるものだとも言えます。自らの力で道は開けると信じることができる人には相性の良い本だと思います。「原因」を自分に求めるわけなので、厳しい面もあるかもしれません。しかし、善良な正しい思考に「結果」はついてくると私は感じています。

岡田吉弘氏がすすめる5冊

『メディア文化論――メディアを学ぶ人のための15話(改訂版)』
吉見俊哉：著／有斐閣／2012年

私は社会人になってからITやメディア、広告を学ぶことになったので、目の前の仕事に関係するノウハウばかり蒐集していては近視眼的になってしまうと感じ、自分が関わっている業界の歴史や進化の過程を体系的に学べる書籍を探していました。そこで出会ったのがこの本です。メディアと文化の関わりについて歴史と理論とがバランスよく網羅されており、これまで当たり前のように触れてきた多くのメディアを立体的に観察するきっかけを与えてくれた良書です。

『オープン・アーキテクチャ戦略――ネットワーク時代の協働モデル』
国領二郎：著／ダイヤモンド社／1999年

「オープン・アーキテクチャ」と言ってもシステム・エンジニアリングについて書かれた本ではなく、現在では当たり前になった「企業が自社のもつ情報を積極的に社外に公開していくことで顧客の利便性を上げ、最終的に自社の利益も上げていく企業戦略」について書かれた本です。驚くべきはこの本が1999年に書かれていることで、現在にも十分通用する考え方が網羅的に提示されています。マーケティングに関わる方は一度目を通すべき古典だと思います。

『数字オンチの諸君！』
ジョン・アレン・パウロス：著／野本陽代：訳／草思社／1990年

デジタルマーケティングに従事する人は日々たくさんの数字に囲まれながら仕事をすることになりますが、「数字」に苦手意識がある方は多いのではないでしょうか。私自身もまさに、この本で言う数字オンチ（INNUMERACY）「日々の生活や仕事の中で直面する数や確率といった基本的な概念をうまく扱えない人」そのものでした。エクセルのテクニックを覚えるのも大事ですが、この本を読んで数字に対する感性を磨いておくことも考えてみてはいかがでしょうか。

『幸せなITパーソンになるためのいきいきする仕事とやる気のつくり方』
羽生章洋：著／ソフトリサーチセンター／2004年

とても残念な表紙とは裏腹の素晴らしい内容で、20代の頃に何度も読みなおした個人的名著です。誰にでも読みやすい平易な文章で、問題解決のフレームワークやプロジェクトマネジメント、日々の行動指針について体系的に説明されています。ご自身の働き方に悩んでいる人、ベンチャー企業で連呼される「成長！成長！」という文脈とは違った自己の成長を考えたい方にはぜひお勧めします。それにしても表紙が残念です……。

『五分後の世界』[幻冬舎文庫]
村上龍：著／幻冬舎／1997年

デジタルマーケティングとはまったく関係のない小説ですが、元気が出ないときに定期的にページをめくる本です。ビジネスの現場では、ときに理不尽なことや辛い逆境に直面することがありますが、逆境において意志を貫くことの難しさと、状況を真正面から受け止めて科学的な努力を怠らないことの必要性が、登場人物の一挙手一投足の描写からにじみ出ています。現在は文庫で気軽に読めるので、ビジネス書に疲れた時にでもぜひ手にとってみて下さい。

杉原剛氏がすすめる5冊

『ポジショニング戦略（新版）』
アル・ライズ、ジャック・トラウト：著／川上純子：訳／
海と月社／2008年

ポジショニング理論を世界で初めて提唱し、その実践方法を解き明かした本書はマーケターのバイブルです。初めてマーケティング担当者になったとき、トレーニングで配布されたのですが、夢中で読みました。それからは自分の意識の中には必ずこの考え方があります。顧客のこと、自社のこと、自分自身のことを俯瞰して見ることが癖になりました。

『ビッグデータ・アナリティクス時代の日本企業の挑戦──「4+1の力」で価値を生み出す知と実践』
大元隆志：著／翔泳社／2013年

今まさにITとマーケティングが融合しようとしている中、ITの側からとても冷静に状況を分析して先を予測しています。本書の目的にあるように、「個々の技術要素にとらわれず、ビジネスに活かし、新たな価値を創造する」という点は全体に網羅され、要所要所のインサイトはきちんと本質をついています。事例も適度に深掘りしてあり、参考になります。

『リスティング広告 プロの思考回路』
佐藤康夫、杉原剛、有園雄一、岡田吉弘、高崎青史、来田貴弘、西原元一：著／
アスキー・メディアワークス／2011年

共著で参加した初の書籍でしたが、リスティング広告についての単なる操作マニュアルではなく、顧客の状況をどう把握し、戦略をどう考えるかという上流からのアプローチにこだわったものになっています。その結果、体裁はリスティング広告の本ですが、マーケティングの本としてコメントをいただくことが多いです。

『インテル戦略転換』
アンドリュー・S・グローブ：著／佐々木かをり：訳／
七賢出版／1997年

以前この企業に所属していましたが、世界最大規模の半導体製造会社であると同時に、マーケティングも世界最高峰のレベルで実施している優れた企業だと思いました。その当時のCEOが書いた本ですが、後の自分の仕事や企業経営に多大な影響を及ぼしたことは言うまでもありません。

『小さなチーム、大きな仕事（完全版）──37シグナルズ成功の法則』
ジェイソン・フリード、デイヴィッド・ハイネマイヤー・ハンソン：著／
黒沢健二、松永肇一、美谷広海、祐佳ヤング：訳／
早川書房／2012年

37シグナルズという米国の中小企業向けウェブサービスの大手企業の創業者が書いた本で、成功のためのシンプルな法則が書かれています。リーンな経営、場所や時間を問わない協働の方法などに感銘を受け、自分の会社でも実践していることが多く、大いに参考にしています。

用語集

A~Z

AIDMA (アイドマ)
生活者の購買までの心理プロセスをあらわした言葉。Attention（注意）→Interest（関心）→Desire（欲求）→Memory（記憶）→Action（行動）の順で、意思決定が行われていると考え、それぞれの単語の頭文字をつなげている。

AISAS (アイサス)
電通が提唱する、ウェブを日常的に利用する生活者の購買に関する心理プロセスをあらわした言葉。Attention（注意）→Interest（関心）→Search（検索）→Action（行動）→Share（共有）の順に意思決定が行われていると考え、それぞれの単語の頭文字をつなげている。

API (Application Program Interface)
あるプラットフォームで動作するアプリケーションを新しく作成する場合に、よく使われる機能や独自の機能などをより簡単にプログラムに組み込めるようにプラットフォーム製造元から提供されるインターフェースのこと。

CPA (Cost Per Action／Cost Per Acquisition)
顧客獲得単価。成果報酬型やクリック課金型の広告で、顧客1人を獲得するためにかかるコスト。

CPC (Cost Per Click)
クリック単価。検索連動型広告や一部のディスプレイ広告など、ユーザーのクリックごとに広告費が発生するクリック課金型のネット広告において、クリック1回あたりにかかるコスト。

CPM (Cost Per Mille)
ネット広告の配信（表示）における、1,000回あたりにかかるコスト。

CRM (Customer Relationship Management)
顧客満足度を向上させるために、顧客のデータを管理し、顧客に応じたサービスやセールスプロモーションを行うことで、企業と顧客の間に良好な関係を構築するマーケティング手法。

CTR (Click Through Rate)
クリック率。広告がユーザーに表示された回数（インプレッション数）のうち、クリックにつながった割合。

CV (Conversion)
コンバージョン。ユーザーによって、購入・会員登録・資料請求など、サイトごとに目標とされる成果が達成されること。

CVR (Conversion Rate)
コンバージョン率。広告がユーザーにクリックされた回数のうち、それがサイトの目標とされる購入や会員登録などの成果（コンバージョン）に結びついた割合。

DMP (Data Management Platform)
広告配信データやサイト訪問者データ、POSデータ、顧客IDなどさまざまなデータを管理するプラットフォーム。広告配信に限らず、企業のマーケティング活動・事業全般に関して重要な役割を担う。

DSP (Demand-Side Platform)
デマンドサイド（広告主や広告代理店）がRTBオークションで広告を買う際に使うプラットフォーム。配信対象者や掲載面、配信時間など、広告を買う側の都合の良い条件をもとに入札できる。対はSSP。

IMC (Integrated Marketing Communications)
統合型マーケティングコミュニケーション。企業が発信する広告、PR、セールスプロモーション、ダイレクトマーケティング、製品パッケージといったあらゆるマーケティングコミュニケーション活動を生活者の視点で再構築し、戦略的に統合するもの。

KGI (Key Goal Indicator)
企業が定めた最終的な目標を達成できているかどうかを判定するために、最も重視すべき

指標。KPIとセットで使われることが多い。

KPI (Key Performance Indicator)
最終的な目標を達成するために、施策が有効であるかどうかを測る中間的指標。

PDCA
Plan（計画）→Do（実行）→Check（評価）→Act（改善）の4段階を経て、再び最初のPlanに立ち返りサイクルを回していくことで、改善点を明らかにし品質や成果を向上させていく。

PV (Page View)
サイト、またはその中の特定のページが何回見られたかという数字。サイトの規模を測る一般的な指標として広く使われている。

ROI (Return On Investment)
投資によってどれだけの利益が生み出されているかを測る指標。利益／投資額×100で算出され、数値が大きいほど、投資対効果も高いことになる。

RTB (Real Time Bidding)
メディアに広告在庫が1インプレッション発生したタイミングでオークションを開催し、一番高い値段でそのインプレッションを買う広告主の広告を配信する仕組み。

SEM (Search Engine Marketing)
検索エンジンから自社サイトへの訪問者を増やすマーケティング手法。SEOや検索連動型広告などの手法がある。

SEO (Search Engine Optimization)
検索エンジン最適化。検索結果ページの表示順の上位に自らのサイトが表示されるようにコンテンツなどを工夫すること。また、そのための技術やサービス。

SSP (Supply-Side Platform)
サプライサイド（メディア）がRTBオークションを開催するためのプラットフォーム。対はDSP。

UI (User Interface)
システムやウェブページにおける、ユーザーが触れたり操作したりできる部分。

UU (Unique User)
サイトを訪れたユーザーの「人数」。同じ10,000PVでも、100人のユーザーが100回ずつ特定のページを見た場合は100UU、10,000人のユーザーが1回ずつサイトを見た場合は10,000UUとして数えられる。

あ〜お

アカウンタビリティ
関係者に対する説明報告責任。広告の詳細な効果測定が可能になったことで、広告主に対する広告代理店のアカウンタビリティが重要視されている。

アップセル
ある商品を買いたいと思っている顧客や、すでに自社の商品を利用している顧客に対し、価格や利益率がワンランク上の製品を提案することで売上向上を目指すこと。

アドエクスチェンジ
複数のメディアやアドネットワークから、入札方式で広告在庫を購入できる仕組み。アドネットワーク、もしくはDSP経由で購入する。

アドサーバー
ネット広告の配信・管理を行うためのサーバー。

アドネットワーク
ネット広告メディアのサイトを多数集めた広告配信ネットワークのこと。

アトリビューション分析
メディアごとのコンバージョンへの貢献度を調査・分析すること。例えば、ある広告がクリックされて自社の商品が買われた場合、その顧客がそれまでに他のどんなメディアを見ていて、購入にどの程度影響を及ぼしたかを調べる。

アーンドメディア (Earned Media)
ソーシャルメディアなどの外部メディア。商品を売り込むことが目的ではなく、そこにい

るユーザーからの信頼や知名度を得ることが目的とされる。

インプレッション (Impression)
広告がユーザーに表示されること。表示された回数は「インプレッション数」と呼ばれる。

運用型広告
アドテクノロジーを活用して、広告の最適化を自動的、もしくは即時的に支援するような広告手法のこと。検索連動型広告、アドエクスチェンジ、SSP、DSP、また一部のアドネットワークなどを指す。

オウンドメディア (Owned Media)
自社サイト、企業ブログなど、自社で所有・管理しているメディア。

オーディエンスターゲティング
ユーザーの行動履歴データを複合的に分析し、それをもとにユーザーをセグメントし、ターゲティング広告を配信すること。

オプトアウト (Opt-out)
オプトインの状態にあるユーザーが、企業に依頼しメールなどの受信を拒否すること。一旦オプトインしたユーザーでも、企業はいつでもオプトアウトできるよう、メルマガの末尾などに退会手続きへのリンクなどを掲載することが特定電子メール法により義務付けられている。

オプトイン (Opt-in)
事前にユーザーが能動的なアクションを起こし、ダイレクトメールやメルマガなどを受け取ることを許諾した状態。例えば、ECサイトに新規登録する時に「このショップからのメールを受け取る」のチェックボックスにユーザー自らがチェックを入れた場合、オプトインと見なされる。

か〜そ

カスタマージャーニー
ユーザーの行動文脈を旅（ジャーニー）に見立てたプロセスのこと。

クッキー (Cookie)
ユーザーのPCに保存される、ユーザー識別のために使われるデータ。サイトへの訪問回数や滞在時間、最終訪問日時などのアクセス履歴を記録することができる。

クラスター
ユーザーの属性や行動をもとに、特定のグループに分類したもの。

クロスセル
ある商品を買いたいと思っている顧客や、すでに自社の商品を利用している顧客に対し、関連商品を一緒に提案することで売上向上を目指すこと。

クローラー
検索エンジンのデータベース作成・インデックス化のため、サイトを定期的に巡回し、情報を自動的に取得してくるプログラム。また、このプログラムが行う巡回を「クロール」と呼ぶ。

検索連動型広告
検索エンジンで検索を行った際に、ユーザーが入力したキーワードと関連する広告が検索結果ページに表示される広告サービス。リスティング広告とも呼ばれる。ヤフーが運営する「スポンサードサーチ」、Googleが運営する「Google AdWords」の2つが国内で大きなシェアを占めている。

サイコグラフィック (Psychographics)
生活者の心理に基づく属性。価値観やライフスタイル、嗜好などの人間心理にかかわる顧客情報を指す。

純広
広告主がメディアの広告枠を買い取り、広告主側で制作した広告を掲載するもの。

消費者インサイト
消費者の行動や態度の奥底にある本音を見抜くこと。

成果報酬型広告
資料請求や商品購入などの広告主にとっての最終成果が発生した際に、料金が発生する広告。

セグメント
生活者を、年齢、職業、居住地など、抽出したい特定の条件によってグループ分けすること。

センチメント
特定のブランドや企業に対して、市場全体が抱いている印象や心理状態。肯定的・中立・否定的のうち、いずれに傾いているかを測る目安。

ソーシャルグラフ
ある人物を中心に据え、その人を中心に家族、友人、同僚などの人間関係がどのように広がっているかを図式化したもの。

ソーシャルメディア (Social Media)
個人による情報発信や人と人の情報交換によってコンテンツが形成される、ウェブ上の双方向性メディア全般。個人のブログや掲示板などもソーシャルメディアにあたる。

た～と

第三者配信 (3PAS)
メディアではなく、広告主や広告代理店などが自らのアドサーバーにより広告配信を管理すること。

ダイレクトマーケティング
テレビCMなどを用いた不特定多数の生活者や法人に対してマーケティング活動を行うマスマーケティングとは異なり、特定の生活者や法人に対して直接コンタクトを取り、顧客のデータに応じて行うマーケティング活動。

テキストマイニング
顧客からの問い合わせやアンケート結果、ソーシャルメディア上での企業に関する書き込みなど、"顧客の声"をテキストデータとして蓄積し分析を行い、マーケティングに活用すること。膨大なデータからいかに重要なデータを抽出するかが課題とされ、さまざまなツールや手法が開発されている。

ディスプレイ広告
バナー広告やパネル広告など、サイト上に埋め込まれて常時表示される広告。クリックす

ることで、広告主のサイトや商品のサイトにリンクするものが一般的。

デモグラフィック (Demographics)
顧客データ分析の切り口の1つ。性別、年齢、居住地、収入、職業、学歴など、その人のもつ人口統計学的属性をあらわす。

データドリブン
効果測定などで得られたデータをもとに、次のアクションを起こしていくこと。

データベースマーケティング
データベースに蓄積された顧客の属性や購買履歴を参照し、その情報に基づいてアプローチを行うマーケティング手法。

データマイニング
商品の売れた数や売上額、サイトの訪問者数、果てはその日の天気など、加工や分析がまだ行われていないさまざまな生データをもとに各項目の相関関係から法則性を見出し、マーケティングに活用すること。

トラフィック
ネットワーク上を行き来するデータ量のこと。

トリプルメディア
ペイドメディア、アーンドメディア、オウンドメディアの3つを指す。

は〜れ

パーチェスファネル
生活者の購入までの意識の遷移を図式化したもの。パーチェスは「購入」、ファネルは「漏斗（じょうご）」の意味。

ファーストビュー
ユーザーがはじめてサイトに訪れた際、まず目に入る部分。スクロールしないと表示されない部分はファーストビューには含まれない。

プッシュ型
あらかじめ決められたタイミングや提供側の都合の良いときに、ユーザーに情報を伝えていくモデル。ユーザーは受動的に情報を受け取ることとなる。プッシュ型メディアの例としてテレビ、プッシュ型広告の例としてテレビCMやディスプレイ広告などが挙げられる。

フラグメンテーション (Fragmentation)
断片化。本来まとまっているべきデータが、小さな断片に分断されてしまうこと。

ブランディング
マーケティング活動により、競合他社との差別化を図り、企業や製品が持つ付加価値やイメージを向上させること。

フリークエンシー (Frequency)
特定のユーザーに対して、特定のネット広告が何回配信（表示）されたかを表す指標。

プル型
ユーザーが能動的にリーチしてきたタイミングで情報を提供するモデル。プル型メディアの例としてネット、プル型広告の例として検索連動型広告が挙げられる。

ペイドメディア (Paid Media)
新聞・テレビ・サイトの広告枠など、広告費を支払って情報を掲載してもらうメディア。

ペルソナ
年齢・性別・居住地など、あるセグメントにおける代表的な特徴を合わせ持った架空のユーザー。その人物に向けたアプローチ、という考え方で商品の企画や設計を行う手法を「ペルソナマーケティング」と呼ぶ。

リーチ (Reach)
広告の到達率。ネット広告がどれだけのユーザーに配信（表示）されたかの割合を示す指標。

リターゲティング (Retargeting)
広告主サイトを訪れたことのあるユーザーに対して、メディアサイトでその広告主に関連するネット広告を配信（表示）すること。

リード
現在は取引がないが、将来、顧客となる可能性のある見込み客のこと。

レコメンド
ユーザーの直近の閲覧履歴や購入履歴などから、興味関心がありそうな情報や商品を自動的に判断し、メールの内容やランディングページに反映させることで、購入へとつなげる手法。

(出典：MarkeZine主催セミナー「Webマーケティング基礎講座」の教材をもとに、編集部で作成)

おわりに

　翔泳社の編集者から『ザ・アドテクノロジー』というタイトルで本を書いてほしいと言われたときは、正直、面食らいました。

　なぜなら、主にアトリビューションについて書くという話だったからです。「アトリビューションってアドテクノロジーかな～？」と違和感を持ったのです。その気持ちを編集者に素直にぶつけてみると、「広告主の最終的な目標である、マーケティングキャンペーンの全体最適化を実現するアトリビューションの概念まで理解できる1冊にしたいのです」と、これまた素直に回答されたのです。そこに、その編集者の純粋なハートを感じました。「読者は必要としていると思います。役に立つと思います」と真顔で言う編集者。ユーザー視点というか、読者視点というか、そのような潔さ、心地よさが伝わってきて、「じゃっ、いいかな」と著者に加わることにしました。

　「アドテクノロジー」という言葉は、ネット広告業界におけるディスプレイ広告の配信技術のことを指して使われることが多いようです。でも、考えてみると、その言葉の定義は曖昧で確立されているとは思えません。「アドテクノロジー」を「広告関連技術」と言い換えても問題ないように思います。「アド（広告）」の「テクノロジー（技術）」ですからね。そうすると、アトリビューションを実現させている技術も広告の効果測定に関連する技術であるわけで、「広告関連技術」であり「アドテクノロジー」としても良いな、と今では思うようになっています。

　そうなってくると、メール広告関連技術、検索連動型広告関連技術、商品リスト広告などのデータフィード関連技術など、広告に限らずデジタルマーケティングに関連するものは、ある意味「アドテクノロジー」と言っても良いかもしれません。もっと言うと、新聞／雑誌広告のデジタル制作やデジタル送稿技術も、テレビCMのデジタル入稿システムも、あるいはテレビCM素材の搬入に使われるカセットテ

ープですら「広告関連技術」であり、「アドテクノロジー」と考えられます。

　要するに、何でもありなのです。飛躍していると感じるかもしれませんが、宇宙に存在する森羅万象全てのものが「アドテクノロジー」になり得るし、またメディア（媒体）になり得ます。広告業界で、いや、マーケティング業界でと言うべきか、働く人はそのような視野で仕事をしたほうが良いと思います。ウェアラブルデバイスの発達によって、そのうちメガネが広告の配信先になるかもしれません。また、自動運転車は良質な行動ターゲティング媒体になり得ると考えられています。ありとあらゆる技術は「アドテクノロジー」になり得るし、ありとあらゆるものがメディアになるかもしれないのです。

　最近、私が感動したのは、フェンシングの太田雄貴選手が2020年東京オリンピック招致のためのプレゼンテーションをした際に、バックで映っていたプロモーション動画（http://www.youtube.com/watch?v=g2d6p5WwnnY）です。その中に、あまりにスピードの速いフェンシングの剣先の動きをわかりやすくするために、剣の動きに合わせて光線が出ているシーンがあります。これによって、フェンシングの素人でも剣がどこを刺したかがわかりやすくなり、競技を楽しみやすくなります。この剣の光線は、モーション・キャプチャー（Motion Capture）という技術を使っています。モーション・キャプチャーという技術も「アドテクノロジー」になり得ると思った瞬間でした。

　東京オリンピックで思い出しましたが、総務省のサイトには、「放送サービスの高度化に関する検討状況」（http://www.soumu.go.jp/main_content/000226363.pdf）という資料があります。2020年の東京オリンピックに向けて、4K・8Kのスーパーハイビジョン放送とスマートテレビを一体として普及させたいという意図がここには書かれています。

　2013年は、パナソニックから「スマートビエラ」（http://panasonic.jp/viera/first_sv/）が発売され、そのテレビCM（http://

youtu.be/PSa06b9Gh9g）が民放各社から放送を拒否されるという"業界的事件"がありました。これは、スマートテレビという技術が民放の事業基盤を揺るがしかねない事実を白日の下にさらしたと言えます。

　一方、NHKは、2013年9月2日から「Hybridcast」（http://www.nhk.or.jp/hybridcast/online/）の放送を開始しています。これは、NHKが考えた、放送と通信の融合の形、あるいは、スマートテレビの形だと言えます。「Hybridcast」のサイトでは、料理番組の例が動画で紹介されています。そこには、「テレビやタブレットでレシピを見たり、料理の材料をショッピングサイトからすぐに購入できたりと、料理番組の楽しみ方が変わります」と説明されています。

　また、海の向こうの米国では、グレースノート社（Gracenote Inc.）がテレビCMでターゲティングができるシステム（http://www.gracenote.com/events/targeted_advertising/）を開発しています。このシステムは、視聴者が見ている番組を認識し、それに合わせて次に流れるテレビCMを差し替えることができるようです。つまり、ターゲティングテレビCMシステムと言えます。MarkeZineの記事（http://markezine.jp/article/detail/17645）によると、米国では、テレビ局、総合広告代理店、ネット広告代理店、広告主らが協力して、一部のモニターに対して2013年春からテストを開始し、2014年まで検証を行うとのことです。

　このようなテレビ周辺の技術の進歩を見ていると、遅かれ早かれ、放送と通信の融合が進み、テレビCMのありかたも変わってくると考えるのが自然だと思います。おそらく、テレビCMもターゲティングできるようになるでしょう。その視聴履歴データもDMPなどに取り込まれていくのだと思います。つまり、スマートテレビ、PC、タブレット、スマートフォンなどの視聴履歴や行動履歴のデータがDMPに取り込まれて、それがさまざまな形で利用される可能性があります。広告配信やターゲット分析、効果測定、あるいは、企業の商品開発などに活用されていくと思われます。

スマートテレビ、PC、タブレット、スマートフォンなど、デバイスを横断してユーザーの行動履歴をトラッキングするには、おそらく、なんらかのIDで識別しなければならないでしょう。そうなってくると、大量のユーザーIDをすでに保有している企業はこのようなシステムを構築する上で有利です。それは、Google、Apple、ヤフー、楽天、あるいは、通信キャリアかもしれません。

　ところで、電力供給のスマートグリッドで使われている「Internet of Things」（モノのインターネット）という概念も「アドテクノロジー」として注目だと思います。ご存じの読者も多いと思いますが、「Internet of Things」とは、PCやタブレット、スマートフォンなどの情報関連デバイスだけでなく、自動車や家電、住宅（スマートハウス）、商業施設、建設機械や産業機器など、さまざまなモノにコンピューティング機能と通信機能を持たせてネットワークに繋ぐという概念です。それによって、効率的で利便性が高く持続性の高い社会インフラを実現することを狙っているようです。こんな世の中が近い将来に実現するとしたら、エアコンや洗濯機、冷蔵庫などにも広告を配信できるようになるかもしれません。

　繰り返しますが、要するに、何でもありなのです。宇宙に存在する森羅万象全てのものが「アドテクノロジー」にもメディアにもなり得ます。太陽だって月だってテクノロジー次第で広告媒体として活用できる日が来るかもしれません。

　そんなふうに「アドテクノロジー」を見てほしいと思っています。広告業界で働く人には、特にそう思います。我々は「アドテクノロジー」に寛容であるべきだと思います。それは、あらゆる可能性に対して無限に開かれているべきなのです。

アタラ合同会社
取締役 COO
有園 雄一

著者紹介

・菅原 健一（すがわら・けんいち）

Supership株式会社 広告事業本部 デジタルエージェンシー事業部 事業部長。2013年1月スケールアウト入社、CMO就任。広告プラットフォームとしてDSP／DMP／第三者配信／タグマネージメントなどを統合したScaleOutAd Platformのサービス開発、マーケティングを担当。2013年8月、medibaのスケールアウト買収に伴いmedibaのCMOに就任。同社のアドテクノロジー、マーケティングの強化を推進。2015年11月より現職。海外アドテクノロジーイベントへの参加多数、海外アドテクノロジー企業の情報にも精通。マーケティングのデジタル化を啓蒙するため、執筆、講演活動を積極的に行う。著書は『DSP／RTBオーディエンスターゲティング入門 ビッグデータ時代に実現する「枠」から「人」への広告革命』『顧客を知るためのデータマネジメントプラットフォーム DMP入門』（いずれも共著：インプレスR&D）など。

・有園 雄一（ありぞの・ゆういち）

アタラ合同会社 取締役 COO。Overture、Googleを経て、AdMobの日本オフィスの立ち上げに参加。現在は、アトリビューションマネジメントやDMP有効活用についてのコンサルティングを広告主や広告代理店に対して行っている。日本で唯一のアトリビューション最新情報サイト「Attribution.jp」へのコラム投稿、企画、運用に携わり、業界への啓蒙活動も随時実施中。著書は『アトリビューション 広告効果の考え方を根底から覆す新手法』（共著：インプレスジャパン）、『リスティング広告 プロの思考回路』（共著：アスキー・メディアワークス）。

・岡田 吉弘（おかだ・よしひろ）

アタラ合同会社 取締役 CCO。ソフトウェアハウス、広告代理店勤務を経て2006年にGoogleに入社。広告代理店・広告主向けに、最大手からベンチャー企業まで幅広くAdWords広告の啓蒙・拡販に従事。2011年より現職。検索エンジンマーケティング黎明期から一貫してアカウントマネジメントの現場を主導し、数多くの業界やさまざまな企業規模のクライアント・パートナーとのプロジェクトの経験を有する。著書は『実践 インハウス・リスティング広告「丸投げ体質」から脱却するSEM成功の新条件』(共著：インプレスジャパン)、『リスティング広告 プロの思考回路』(共著：アスキー・メディアワークス)。

・杉原 剛（すぎはら・ごう）

アタラ合同会社 代表取締役 CEO。Overture、Googleでの両検索エンジンの広告事業に携わった経験を有する。APIを活用したデジタルマーケティングの自動化／効率化／見える化システム開発、運用型広告コンサルティング、アトリビューションマネジメントコンサルティングを行う。欧米のデジタルマーケティング事情にも詳しい。著書は『アトリビューション 広告効果の考え方を根底から覆す新手法』(共著：インプレスジャパン)、『リスティング広告 プロの思考回路』(共著：アスキー・メディアワークス)。

装丁・本文デザイン	横地謙一（株式会社コンセント）
DTP	株式会社アズワン
取材撮影	清水隆
取材・編集	安成蓉子（MarkeZine 編集部）

ザ・アドテクノロジー
データマーケティングの基礎からアトリビューションの概念まで

2014年 2月13日	初版第1刷発行	
2019年 8月20日	初版第5刷発行	

著　　　者	菅原健一、有園雄一、岡田吉弘、杉原剛
発　行　人	佐々木幹夫
発　行　所	株式会社翔泳社（https://www.shoeisha.co.jp/）
印刷・製本	凸版印刷株式会社

©2014 Kenichi Sugawara, Yuichi Arizono, Yoshihiro Okada, Go Sugihara

＊本書は著作権法上の保護を受けています。本書の一部または全部について（ソフトウェアおよびプログラムを含む）、株式会社翔泳社から文書による許諾を得ずに、いかなる方法においても無断で複写、複製することは禁じられています。

＊本書へのお問い合わせについては、2ページの記載内容をお読みください。

＊造本には細心の注意を払っておりますが、万一、乱丁（ページの順序違い）や落丁（ページ抜け）がございましたら、お取り替えいたします。03-5362-3705までご連絡ください。

ISBN978-4-7981-3655-4　　　　　　　　　　　　　　　　　　Printed in Japan